U0141384

從一國歷史
預視世界
的動向

極簡

埃及史

山崎世理愛・五十嵐大介
Yamazaki Seria　Igarashi Daisuke

楓樹林

前言

似懂非懂的埃及

提到埃及時，許多人應該都會想到古文明、金字塔、獅身人面像和圖坦卡門。事實上，已經有相當多關於古埃及的書籍出版上市。

不過，從古至今介紹「埃及通史」的書籍卻不常見。透過遺跡與遺物探索過去的考古學，還有經由書籍與文獻追溯事件的歷史學，屬於兩種不同的研究領域，因此很難將它們彙整成一部通史。

古埃及文明落幕後，伊斯蘭教在埃及傳播開來，埃及還遭受十字軍、蒙古帝國、拿破崙的入侵。由於它位於連接非洲、歐洲、亞洲這三個地區的地方，所以各方勢力才會錯綜複雜。

本書盡可能簡潔地將歷經數千年的埃及歷史，彙整於一本書中。希望能為每一位對埃及感興趣的人有所幫助。

山崎世理愛・五十嵐大介

歷史冷知識！

埃及的4大祕密

這些意想不到的史實，就要介紹給初次接觸埃及史的你！

Secret 1

早期的金字塔是階梯狀的！

眾所周知的金字塔，是完整的四角錐，但是最早期的金字塔其實是分成6層的「階梯金字塔」。後來，才建造出上半部與下半部傾斜角度不同的「曲折金字塔」。四角錐的形狀甚至是在最後才固定下來。

→詳情參照 26頁

Secret 2

昔日奴隸成為埃及的王！？

13世紀統治埃及的埃宥比王朝，在戰爭中派出了名為馬木路克的奴隸兵。來自馬木路克的拜巴爾一世（Baybars I），因為擊敗了蒙古軍隊而聲名大噪，最後成為蘇丹（國王）。

→詳情參照 144頁

Secret 3

蘇伊士運河的收益歸英國所有？

連接地中海和紅海的蘇伊士運河，於1869年竣工。然而，埃及政府在修建當時因財政困難，於是將經營運河的公司股票大部分都賣給了英國，才會無法獲得收益。

→詳情參照 168 頁

Secret 4

與敘利亞合併成一個國家僅3年時間！

埃及的第二任總統納瑟（Nasser），提出應超越國界，「讓阿拉伯人團結」。1958年，埃及和敘利亞組成阿拉伯聯合共和國，成為了一個國家。然而，1961年敘利亞脫離後瓦解。

→詳情參照 203 頁

接下來，我們就來探索埃及史吧！

目錄

chapter 5 伊斯蘭時代

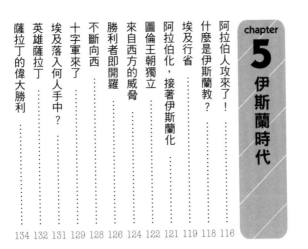

chapter 8 現在與未來的埃及

祕密專欄

序章

現在的埃及與過去的埃及

位於非洲大陸東北部的埃及（埃及阿拉伯共和國），面積約一〇〇萬平方公里，為日本的二點七倍左右。然而其中約百分之九十五的面積，都被人類無法生活的沙漠所占據。因此人們從古至今，都生活在尼羅河兩岸少數的綠地及沙漠綠洲。

現在埃及的人口，約一億九二六萬人。也就是說，人口比日本略少一些，但是他們卻集中生活在只有日本面積約七點五分之一的土地上。

從古至今，尼羅河一直是人們生活的中心。尼羅河全長約六六五〇公里，為世界上最長的河流，從南到北縱貫埃及，並注入地中海。在一九七〇年亞斯文水壩竣工之前，尼羅河每年都在同一時間水位上升。富含大量水分及養分的土壤，會經由這次水位上升被帶到埃及的土地上，人們才能夠收穫豐盛的穀物。

尼羅河也被用作南北移動時的便捷水道。此外，埃及的氣候屬於炎熱乾燥，夏季氣溫有時甚至會超過四十度，但是幾乎不會下雨。所以尼羅河的水對日常生活及

埃及的領土

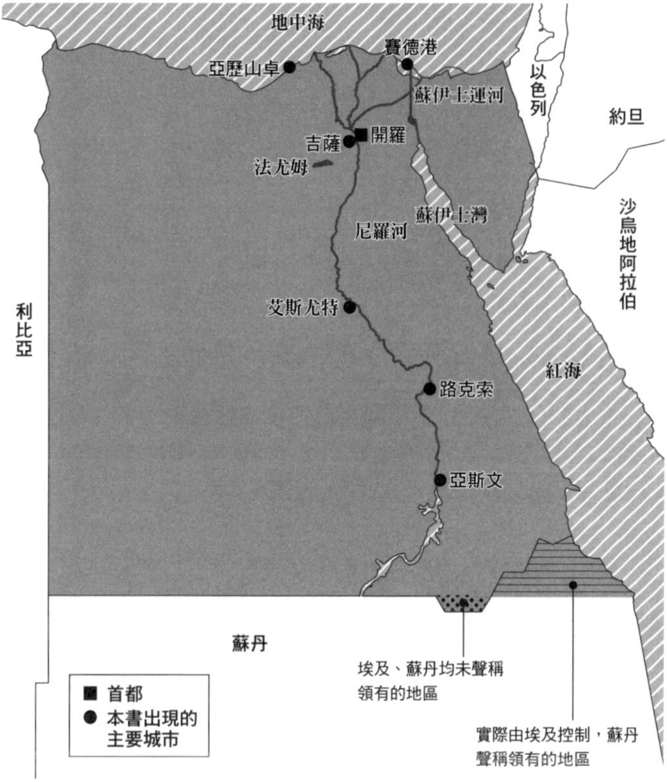

總面積	約100萬平方公里
總人口	約1億926萬人

※引用自日本外務省網站（2023年9月當時）之資訊

農業非常重要。

越過首都開羅之後，尼羅河分成了幾條支流，形成三角洲地區（delta）。在這裡也建立了城市，面向地中海的亞歷山卓，已經發展成非洲屈指可數的大城市。

西元前五世紀的希臘歷史學家希羅多德（Herodotus）在他的著作《歷史》（Histories）中寫道：「埃及是尼羅河的禮物。」這是指經由尼羅河水位上升帶來的肥沃土壤，會沉積在埃及北部的三角洲地區，形成沖積平原。

相對於人們居住的尼羅河兩岸綠地，古埃及人將沙漠視為「死亡的世界」。在這些沙漠中還保留著許多的遺跡，例如墓地及神殿等等，也有一些地方已經變成觀光景點。而「死亡的世界」中殘留下來的東西，現在成為了支撐埃及經濟的主要收入來源之一。

話說回來，至今的埃及文化和國土是如何形成的呢？尼羅河流域的定居、農耕和畜牧的起源，可以追溯到大約七五〇〇年前。

chapter 1

前王朝時期～早王朝時期

農耕與畜牧的起源

埃及殘存最古老的人類活動痕跡，為舊石器時代的東西。當時的生活，全靠狩獵、採集植物及貝類，還發現了作為工具使用的石器等等。

後來，在西元前五五〇〇年至四〇〇〇年左右的新石器時代，首先在埃及北部開始出現農耕與畜牧。西元前四四〇〇年左右，在埃及南部也出現了從事農耕與畜牧的文化。

接下來再進一步詳細說明一下古埃及的地理。

尼羅河東岸是一片山地連綿的沙漠地區，開採出了各種石材。尼羅河流域和紅海沿岸，由名為乾谷的乾涸山谷（沒有水的山谷）連接在一起。此外，尼羅河西岸也遍布著沙漠，城市分散在草木繁茂的綠洲之中。

在尼羅河流域生活的人們，將他們生活的區域稱為凱美特（Kemet，意指「黑土之國」）。每當尼羅河一氾濫，富含大量養分的黑泥便會沉積在此，便可以在那裡開墾出耕地。

北邊是下埃及，南邊是上埃及

位於現在的首都開羅以北的尼羅河下游流域，是由尼羅河支流形成的三角洲地區。這個三角洲地區稱為「下埃及」，從開羅以南到亞斯文的南部，稱為「上埃及」。亞斯文再往南，則是擁有不同文化的努比亞。

在古埃及有稱作諾姆（省）的行政區域，上埃及有二十二個諾姆，下埃及有二十個諾姆。每個諾姆都有一個中心城市，各自擁有信仰的主神。

古埃及的人民自己並不知道，他們的國土是由上埃及和下埃及所組成。

當時的日本

據說人類最早於4萬年至3萬8000年前，來到現在的日本列島。在日本列島，大約是從1萬6500年前出現土器。此時農業尚未普及，人們靠著狩獵、採集海鮮及水果等維生。

奈加代文化和布托－馬迪文化

西元前四〇〇〇年左右，上埃及出現了奈加代文化，下埃及出現了布托－馬迪文化。從這個時候到埃及統一為止，稱作前王朝時期。

奈加代文化會製作調色板（palette）、石製容器及美麗的波浪狀削皮刀等物品。其中有些物品，是由專業工匠花時間運用先進技術製作而成。僅有少數人可以接觸這些物品，和許多陪葬品一起被埋在大型墳墓裡。陪葬品當中，還包含了從很遠的地方運來的珍貴物品。

換句話說，在奈加代文化中，存在明顯的身分地位差異，一部分的人擁有財富及權力。

另一方面，在下埃及的布托－馬迪文化領域，社會還沒有那麼發達，身分地位或貧富之間似乎沒有太大的差距。

不久後奈加代文化向北擴大，進入到布托－馬迪文化的領域。目前已知，布托－馬迪文化的土器被奈加代文化的土器所取代，埋葬習慣也變化成奈加代文化的做法了。這表示「透過奈加代文化實現文化統一」。

隨後在西元前三〇〇〇年左右，那爾邁（Narmer）法老在政治上統一了上埃及

上埃及、下埃及與諾姆

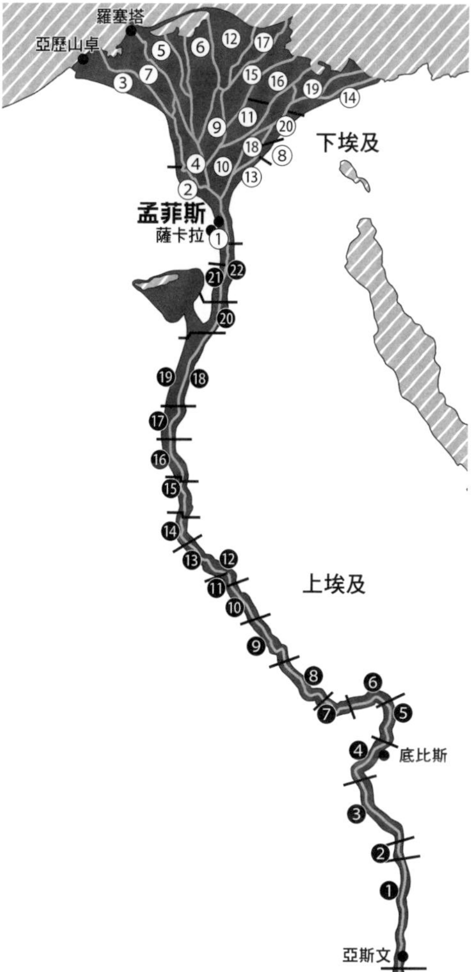

與下埃及，展開了王朝時代。在那爾邁法老的調色板中，便描繪了法老透過武力壓制下埃及的模樣。

早王朝時期

那爾邁法老統一埃及後，展開了早王朝時期。首都位於上埃及與下埃及交界處的孟菲斯。因為這樣就可以環視這兩個地區，穩定控制整個埃及。

以法老為最高權力的行政組織也隨之發展了起來。法老、官僚等身分地位較高的人們，都會被埋葬在稱作「馬斯塔巴」（阿拉伯語意指長凳）的墳墓中，還會放入昂貴的陪葬品。馬斯塔巴是在地面上用磚塊建成的長方體結構，再搭配地面下的墓室所組成的。

早王朝時期分成第一王朝與第二王朝。第一王朝的法老埋葬在上埃及主要城市的阿拜多斯，第二王朝的法老主要埋葬在首都孟菲斯附近的薩卡拉。

第二王朝的法老，代代信仰荷魯斯神，自稱為「荷魯斯名」。然而，中世紀左右出現的塞克赫米布（Sekhemib）法老則信仰上埃及的奈加代之神賽特，並自稱為「賽特名」的伯里布森（Peribsen）。伯里布森的陵墓並不是建在薩卡拉，而是建在上埃及的阿拜多斯。

伯里布森時期的埃及似乎處於混亂狀態，整個埃及是否統一也一直存在爭議。

結束第二王朝的混亂

伯里布森的繼任法老採用了荷魯斯名，並自稱為卡塞凱姆，以表示他對荷魯斯神的忠誠。卡塞凱姆法老為了統治整個埃及，發動了一場針對下埃及的統一戰爭，看來他擊敗了許多敵人。

此外，卡塞凱姆法老採用了荷魯斯和塞特組合而成的「荷魯斯－塞特名」，並更名為卡塞凱姆威（Khasekhemwy）。據說這表示他控制著荷魯斯與塞特這兩位守護神各自擁有的力量。

卡塞凱姆威法老在阿拜多斯建造了巨大的王室陵墓和建有圍欄的墳地（據說會在圍欄內為已故法老舉行葬禮等一些儀式）。第二王朝的混亂被這位法老平息了，國家也穩定下來。

在卡塞凱姆威法老的統治下，開始會在墓地及神殿積極舉行建築活動，後來，這種活動一直持續到建造巨大金字塔的古王國時期。

古埃及的王朝與歷史分期

歷經前王朝時期，在那爾邁法老統一埃及之後的古埃及歷史，可區分成三十一個王朝。換句話說，第三王朝、第四王朝緊隨其後。

這種歷史分期，在西元前三世紀初期被埃及祭司曼涅托（Manetho）寫成的歷史書《埃及史》所採用，主要以王室陵墓的位置為依據。雖然它並非直接顯示歷史的推移，但是方便用來了解特定法老的統治時期，因此時至今日研究人員還是會使用。從第一王朝開始的漫長王朝時期，還可區分成古王國時期、第一中間時期、中王國時期、第二中間時期、新王國時期、第三中間時期、古埃及後期。「中間時期」相當於幾個王朝並存的時期。

當時的日本

位於青森縣青森市的三內丸山遺跡，有西元前3900年至2200年左右人們長期居住的大型村落遺址。從這個遺跡當中，發現了高床式建物的柱洞，據說可能是瞭望台，用來監視宗教設施或海岸。

耐人尋味的埃及偉人①

留下豐富記錄的第一王朝法老

登

Den

西元前 30 世紀左右

開始許多新的嘗試

第一王朝法老的記錄並不多，但是到了第5任法老登的統治期間，歷史記錄就變得十分豐富。法老登進行了一些新的嘗試。首先，在法老登的陵墓中，有緩緩下降的階梯從入口連接到墓室，可以順利地存放石製容器、圖板、象牙製品、家具等物品。

在法老登的石製容器及圖板上，刻有他在位第30年及此後每3年舉行的塞德節記錄。甚至還有第二次塞德節的記錄，由此可知，法老登統治了很長一段時間。此外，在圖板上還留有法老登遠征巴勒斯坦南部的記錄。藉由這次遠征，建立了一條貿易路線，大量的巴勒斯坦土器進口到埃及。而且，法老登為了加強王權，除了加上「上埃及與下埃及王名」之外，還積極地舉行宗教活動，例如造訪埃及全境的祠堂等等。

chapter 2

古王國時期～中王國時期

開始建造金字塔

西元前二六八六年至二一八一年左右，稱作古王國時期（第三至第六王朝）。首都孟菲斯備受重視，在其周圍建造了王室陵墓。

古王國時期，是建造巨大金字塔的時代。有別於過去用泥磚及植物建造而成的建築物，金字塔完全由石頭建成。

埃及最古老的金字塔，是第三王朝左塞爾（Zoser）法老（當時稱為尼特傑里赫特〔Netjerikhet〕）在薩卡拉建造的「階梯金字塔」。

每次聽到金字塔這個名詞時，大家也許會聯想到美麗的四角錐，不過最早建造的金字塔正如

其名，是階梯狀的。

左塞爾法老起初是像早王朝時期一樣建造了馬斯塔巴，但是隨後擴建並翻修，完成了一座高約六十公尺的六層階梯金字塔。

階梯金字塔周圍環繞著巨大的城牆。城牆內除了金字塔本身之外，還有神殿、兩側排列著柱子從城牆入口延伸的通道、中庭等各種建築物。這些統稱為「金字塔複合體」。

左塞爾法老的金字塔複合體，可說是世界上最古老的大型石造建築物。

這座金字塔複合體的內部，位於金字塔南側的中庭、神殿和祠堂，都是為了塞德節而建造。塞德節是一個慶祝節日，也稱為法老登基節。第一次是在法老登基三十年後舉行，從第二次開始為每三年舉行一次。

透過舉行法老在中庭裡跑來跑去的儀式，表示他具有充足的體力及生命力，日後也會穩定統治。因為人們認為，藉由法老登基節，法老既是人又是神的特殊力量便會恢復，使統治力再生。

左塞爾法老的金字塔複合體為了表示「永恆」，因此全由不易腐朽的石頭建成，期盼來世也能繼續舉行塞德節。據說當時的人們都認定法老十分偉大，所以才能建造出這些巨大的紀念碑。

作為象徵的小型階梯金字塔

左塞爾法老的繼任者塞漢赫特（Sekhemkhet）法老，也試圖在左塞爾法老的金字塔附近建造階梯金字塔，只是未能完成。

此後，第三王朝最後一位法老胡尼（Houni），在埃及各地建造了小型階梯金字塔。另外，在法尤姆的塞拉也發現了第四王朝第一任法老斯尼夫魯（Sneferu）的一座小型階梯金字塔。

沒有墓室的小型階梯金字塔，並不是建來作為王室陵墓。據說它們建在各個地方的中心位置，屬於一種象徵，即使在遠離首都的地方，也能展現出法老的存在感與威嚴。也有一些研究人員主張，所有的諾姆都建有小型階梯金字塔。

在古王國時期，隨著首都孟菲斯的重要性日益增強，法老對於整個埃及的控制也得到強化了。在第四王朝進一步推動中央集權，開始建造更加大型的金字塔。

真正的金字塔出現

斯尼夫魯法老要在美杜姆建造階梯金字塔，但是途中變更設計，試圖將石材堆疊起來建造一座完整的四角錐金字塔。只不過，因為坡度太陡等不合理的結構而崩塌，如今被稱作「倒塌金字塔」。

另外，斯尼夫魯法老也在代赫舒爾建造了金字塔，可是由於岩盤及結構不穩定，導

致面臨崩塌的危險。因此，在途中將上半部改成了和緩的傾斜角度。這個便稱作「曲折金字塔」。

同樣由斯尼夫魯法老在代赫舒爾建造的「紅金字塔」，則是使用了帶紅色的石灰岩。和「曲折金字塔」的上半部一樣用和緩的角度建造，地盤也選擇了一個穩定的地方。這座紅金字塔是第一座完整四角錐的「真正金字塔」。此後，真正金字塔逐漸成為標準的形狀。

過去的階梯金字塔，代表法老登天的階梯。法老的祭殿與金字塔的入口都朝向北方，法老會向北方天空的星星祈禱自己能重生復活。

進入第四王朝後盛行太陽信仰，開始建造象徵太陽光的真正金字塔。祭殿會建在太陽升起的東側，因為法老開始被視為太陽神拉的化身。

此外，雖然金字塔給人的印象是法老的陵墓，但是也有像斯尼夫魯法老這樣的法老，興建了多座金字塔，事實上還有很多金字塔並沒有發現木乃伊，所以不能說所有的金字塔都是陵墓。

古夫金字塔是白色的

斯尼夫魯法老作為太陽神拉的化身獲得了極大的權力，繼任者則是他的兒子古夫（Khufu）。古夫法老的大金字塔高達一四六公尺左右，是現在埃及具代表性的觀光景點。

古夫法老選擇了岩盤比代赫舒爾更為堅固的吉薩高原作為建造地點。這個地方被開發成規劃中的墓地，王室及高官的馬斯塔巴墓井然有序地排列在古夫法老的大金字塔周圍。這種配置，顯示了強力的中央集權。而且在這個時代，人們也認為埋葬在法老附近即便死後也能服侍法老，得以在來世重生復活。

古夫法老的兒子雷吉德夫（Radjedef）繼位之後，

當時的日本

繩文時代是否存在農業，長期以來一直備受爭議。但從各地遺跡發現了不少植物栽培的資料後，已經開始確定農業的存在。尤其從西元前2300年左開始，水稻、小麥等穀物也在九州西北部成為主要的作物。

是第一個自稱「太陽神之子（Son of Ra）」的人。他一面強調法老與太陽神拉之間的關係，一面將法老定位成太陽神之子。後來，卡夫拉（Khafra）與孟卡拉（Menkaure）兩位法老，也在吉薩高原建造了金字塔。

古夫、卡夫拉、孟卡拉法老的金字塔，稱作「吉薩金字塔群」。赫利奧波利斯便位於三座金字塔東南角以直線連接後向東北延伸的地方。而赫利奧波利斯是一座與太陽神拉有關的聖地。

順帶一提，吉薩金字塔群現在為淺棕色，但是它們當初在建造時外觀卻大不相同。被優質白色石灰岩覆蓋的古夫金字塔在太陽光底下會閃閃發光，而孟卡拉金字塔靠近地基的下層表面使用了紅色花崗岩，在下層以上的表面使用了白色石灰岩，所以外觀會呈現兩種顏色。

孟卡拉法老的繼任者謝普塞斯卡弗（Shepseskaf）法老統治時間短暫，第四王朝的勢力逐漸衰弱，進入到第五王朝。

太陽神殿

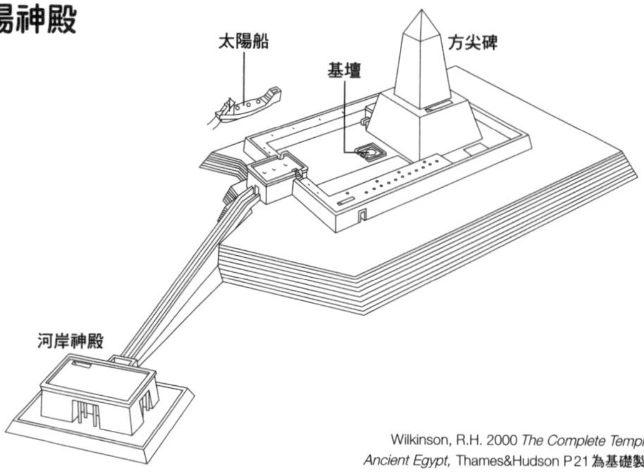

Wilkinson, R.H. 2000 *The Complete Temples of Ancient Egypt*, Thames&Hudson P21為基礎製成。

太陽神殿的建設

第五王朝的第一任法老烏瑟卡夫（Userkaf）回歸傳統，在左塞爾法老的階梯金字塔旁建造了一座金字塔，而且在阿布西爾建設了第一座太陽神殿。

太陽神殿的構造與金字塔複合體相似，但是中心的建築物並不是金字塔，而是稱為方尖碑的尖頂方形塔。此後，這個王朝的法老們陸續在薩卡拉、阿布西爾、阿布戈拉布建造了金字塔和太陽神殿。

到了第五王朝，金字塔的規模急速縮小，但是太陽信仰卻節節攀升，所以除了金字塔之外，也開始建造太陽神殿。

在金字塔方面，雖然比第四王朝的吉薩金字塔規模小，但是設施齊全，包含構成金字塔複合體的祭殿等等，牆壁上裝飾著許多精美的浮雕。在這當中，有些還描繪了記錄戰利品的畫面以及法老戰勝利比亞人的情景。

第五王朝的法老們，為了尋求綠松石及銅，延續了左塞爾法老時代展開的西奈半島遠征。另外，他們也繼續維持與黎巴嫩的關係，以取得木材等物資。

烏瑟卡夫法老的兒子薩胡拉（Sahure）法老，在海外遠征上格外努力，從紅海沿岸的國家蓬特獲得了孔雀石、沒藥、乳香、琥珀金。在他統治期間，第五王朝達到了極盛時期。

高官與地方逐漸獨立

在積極進行海外遠征的同時，王室卻在第五王朝退出行政組織的最高層，王室以外的人們權力逐漸增強。

薩胡拉（Sahure）法老的孫子紐塞拉（Nyuserre Ini）法老，當初在阿布戈拉布建造太陽神殿而聞名之後，到了他統治的時代，高官們獲得權力，地方的存在感也逐漸擴大。

此外，每天在法老金字塔收集大量祭品舉行儀式的祭司，他們的權限也增強了。可說象徵中央集權的金字塔，也導致祭司傲慢起來。

在第五王朝後半期，愈來愈多的高官及祭司藉由一己之力建造墳墓，其中許多人將墳墓建造在地方上，而非王室的金字塔附近。

隨著對王室的依賴度下降，自主性增強，雕像及浮雕的形式、品質也變得不一致。然而，他們墳墓上記載的自傳中，都強調了他們與法老的關係。因為他們希望藉由增加自己的威信，來生也能過得幸福。

紐塞拉法老的繼任者門卡霍爾（Menkauhor Kaiu）法老在位時間短暫，到了繼任的傑德卡拉（Djedkare Isesi）法老時期，太陽神拉依舊備受重視，只是不再建造太陽神殿了。傑德卡拉法老為了維持中央集權而進行行政改革，可是他並無法阻止高官和地方獨立，變得更加強大。

下一任的烏尼斯（Unis）法老，在左塞爾法老的階梯金字塔不遠處，建造了一座相對較小的金字塔。雖然規模比之前的金字塔小，「金字塔銘文」卻覆蓋了墓室的整面牆壁。這種新的要素，逐漸成為後來古王國時期法老及王后金字塔的特徵。烏尼斯法老努力加強地方的控制來維護王權，後來取得了某種程度的成果。然而，從特提（Teti）法老開始的第六王朝時期，王權進一步的弱化，導致中央集權開始崩潰。

什麼是金字塔銘文？

自烏尼斯法老以後刻在金字塔墓室裡的「金字塔銘文」，是埃及最古老的宗教文書，由許多咒語組成。

最顯著的特徵，就是將去世的法老和陰間統治者歐西里斯（Osiris）神同等看待。由於去世的法老被視為「歐西里斯神話」中復活的歐西里斯神，因此人們認為他也可以在來世重生復活。

這樣一來，除了太陽信仰之外，歐西里斯神在古埃及的喪葬儀式和來世思想中，便占了非常重要的一席之位。

在金字塔內部會刻有「金字塔銘文」，就是為死去的法老帶來重生復活時所需的咒語效果。將喪葬儀式的內容以文章的方式刻下來，也是意圖讓儀式及其效果能夠永續下去。據說只要以咒語的方式存在那裡，便可達到充分的效果。

古王國時期的終結

第六王朝的法老們也建造了金字塔，而且墓室裡都刻有「金字塔銘文」。據說第五任法老，在位期間約六十年之久的的佩皮二世（Pepy II），他的金字塔中也發現了「金字塔銘文」。佩皮二世繼位之後，記錄在貴族墳墓中的自傳，不再注重他們與法老的關係，而是著重於將自己視為英雄。雖然無法確定自傳是否為史實，但是並非王室的他們，獨立意識是變得更加強烈了。

在這個時代，儘管試圖透過各種行政改革以維持對南部等地方的控制，卻無法恢復強大的王權。官僚數量增加導致國家財政惡化，地方豪族日益強大。再加上氣候惡化導致農作物歉收等等，中央集權制度崩潰，古王國時期迎來結束。

南北對立與埃及再次統一

古王國時期之後，大約在西元前二一八一年至二〇五五年左右，在地方上具影響力的人們被稱作各省諸侯，當他們顯露頭角後整個埃及陷入混亂，這段時期稱之第一中間時期。

其中一名各省諸侯安西臺菲（Ankhtifi），在陵墓上留下了將自己視為英雄的自傳，聲稱即使埃及遭遇飢荒，他也沒有讓自己領土上的人民挨餓。雖然真實性不明，不過可以看出當時社會的混亂與各省諸侯的地位。

第一中間時期前半期的第七王朝和第八王朝，孟菲斯的法老在名義上擁有整個埃及的統治權，但是實際上卻是各省諸侯表現得像一位法老。在這樣的混亂之下，由一位法老統治的局面告終。進入第一中間時期後半期後，首先以埃及北部赫拉克利奧波利斯為中心的第九王朝、第十王朝掌握了勢力。此外，不久之後埃及南部底比斯周邊具影響力的人便宣布獨立，建立了第十一王朝。就這樣，北方的赫拉克利奧波利斯與南方的底比斯之間便形成對立。

第十一王朝的因提夫二世（Intef II）自稱為上埃及和下埃及的法老，與赫拉克利奧波利斯王朝展開戰爭。獲勝的第十一王朝向北擴張領土，南方的底比斯逐漸處於優勢。

隨後，在第十一王朝曼圖霍特普二世（Mentuhotep II）時期，平息各省諸侯的叛亂後，將埃及中部置於統治之下。此後，赫拉克利奧波利斯王朝瓦解，曼圖霍特普二世終於再次統一了埃及。

中王國時期的開始

曼圖霍特普二世再次統一埃及後展開的中王國時期（西元前二〇五五年至一六五〇年左右），相當於第十一王朝後半期至第十三王朝。

曼圖霍特普二世除了遠征西亞地區及黃金等資源豐富的努比亞之外，還在埃及南部展開了建設工程。不但翻修和擴建好幾座神殿，還在代爾埃爾巴哈里建造了祭殿，也是法老的陵墓。

只不過，中央集權並未立即建立，還是有一些地方豪族否定統一王朝。曼圖霍特普二世在統一戰爭時，站在北方的赫拉克利奧波利斯這邊，甚至再次統一後，他

中王國時期的埃及

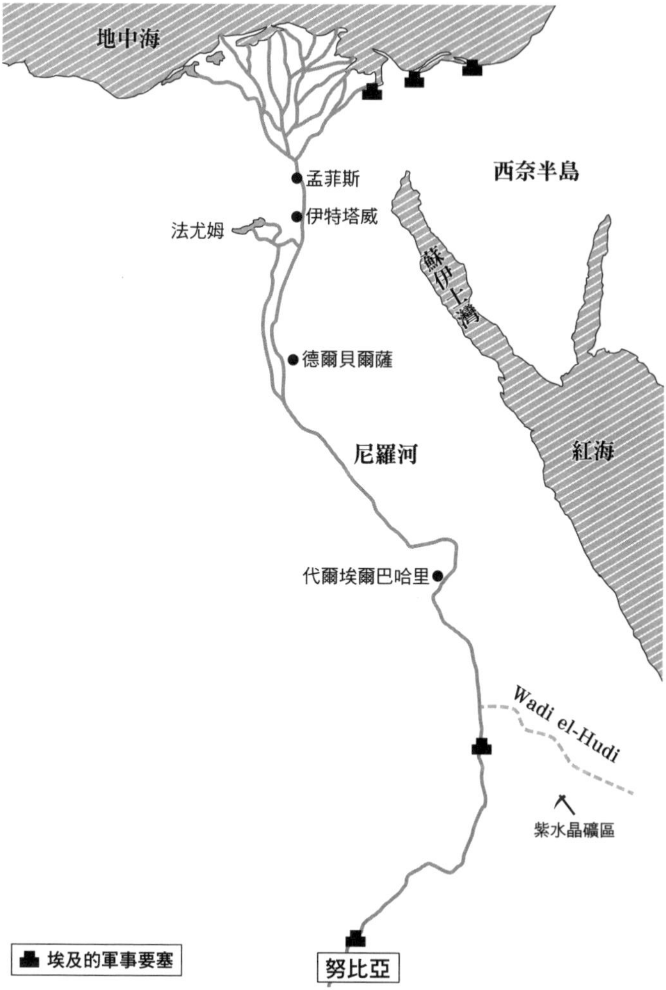
地中海
西奈半島
孟菲斯
伊特塔威
法尤姆
蘇伊士灣
德爾貝爾薩
尼羅河
紅海
代爾埃爾巴哈里
Wadi el-Hudi
紫水晶礦區
努比亞
埃及的軍事要塞

還驅逐反抗的各省諸侯。

另一方面，對於再次統一時協助作戰的地方豪族，他並沒有透過暴力或脅迫來強制他們服從，而是保持良好的關係，並將他們視為盟友。

在埃及中部的德爾貝爾薩，則起用各省諸侯作為宰相，並得到了強大的合作者。在管理地方豪族的同時，也等於承認了他們的存在，並緩慢的進行統治。

在埃及中部，還為各省諸侯精心建造了好幾座大型的陵墓，讓侍奉他們的人們埋葬在他們周圍。工藝品反映出濃濃的地方色彩，例如棺材上的裝飾並不是整個埃及全面統一，而是形形色色都有。

曼圖霍特普二世的兒子曼圖霍特普三世（Mentuhotep III），也像他的父親一樣，在埃及南部建造了好幾座神殿。

下一任法老曼圖霍特普四世（Mentuhotep IV），雖然在位時間短暫，但是他派遣遠征隊前往位於尼羅河東側沙漠中的幾個乾谷（wādī），後來取得了紫水晶，也稱作優質石材或紫石英。

「救世主」阿蒙涅姆赫特一世

在曼圖霍特普四世時期擔任宰相的阿蒙涅姆赫特一世（Amenemhat I）成為法老，第十二王朝就此展開。由於他與王室沒有血緣關係，所以他必須證明自己夠資格成為法老。因此他利用文學作品。

在一部名為《聶非爾列胡預言》的文學作品中，一位古王國時期的祭司預言，當社會陷入混亂時，阿蒙涅姆赫特一世將以救世主的身分出現。他利用了這些方法，強調自己有資格成為法老。

阿蒙涅姆赫特一世在孟菲斯地區的利什特周圍，建立了新首都伊特塔威，而不是在過去作為中心城市的底比斯。因為他要控制整個國家，所以才將首都遷到更適

合環視上埃及和下埃及的地方。阿蒙涅姆赫特一世在新首都附近，重新開始建造金字塔。為了證明他與古王國時期的偉大法老有關係，甚至將古夫法老及卡夫拉法老金字塔複合體的石材運到利什特，用來建造阿蒙涅姆赫特一世的金字塔。

之後的法老們，也效仿阿蒙涅姆赫特一世在孟菲斯周圍的利什特及代赫舒爾等地，建造金字塔。

大概是想盡可能接近古王國時期的法老們，因為當時的法老們都是透過建造金字塔來誇耀擁有強大的中央集權。

新首都伊特塔威

竭盡全力強化王權的阿蒙涅姆赫特一世，最後卻在王宮裡被人暗殺了。他正在海外遠征的兒子辛努塞爾特一世（Senusret I），隨即返回伊特塔威繼承了王位。

已故的阿蒙涅姆赫特一世以敘事的形式，寫給繼任者辛努塞爾特一世的文學作品《阿蒙涅姆赫特一世的教訓》中，生動地描述了暗殺的情景。內容提到身為法老的現實人生，例如為了防止陰謀千萬不要相信任何人，包括你的兄弟在內，還有睡覺時也要保護自己等等。

為了加強對地方的控制，辛努塞爾特一世不僅在首都及宗教的中心地，還在整個埃及興建與翻修神殿。在古王國時期，地方神殿雖然是由地方政府管轄，但是它們也在中央政府的管制之下。而新首都伊特塔威，發展成了製造業的中心地，在這裡製作的土器，遍佈了埃及各地。

阿蒙涅姆赫特一世和辛努塞爾特一世遠征利比亞、西亞地區和努比亞，並在邊境建造了要塞。由於統治範圍擴大了，因此開始能在埃及穩定取得稀有的岩石及礦物等物資。

當時的日本

在北海道及東北地區，於西元前2000年至1700年左右，將石頭排列成圓形的環狀列石開始普及。如北秋田市的伊勢堂岱遺跡、鹿角市的大湯環狀列石等等，都被推斷是與祭祀、儀式有關的設施，而非生活住宅。

透過開墾農地帶來和平與繁榮

辛努塞爾特一世去世後，他的兒子阿蒙涅姆赫特二世（Amenemhet II）繼承了王位，並在代赫舒爾建造了金字塔。在伊特塔威的附近，有沙漠綠洲法尤姆。從阿蒙涅姆赫特二世繼承王位的辛努塞爾特二世（Senusret II），開始在這塊土地上進行大規模的圍墾工程。此後，法尤姆成為肥沃的農地支撐著經濟。

辛努塞爾特二世時期，與西亞間的貿易活動十分活躍，不過無法證實有軍事遠征的記錄。由於他沒有與外國發生戰爭，並致力於開墾農地，所以在他的統治下據說是一個和平與繁榮的時代。

辛努塞爾特二世的金字塔複合體，建於法尤姆東南方邊緣的拉罕。在金字塔複合體內部的南端，有他女兒西撒霍留內特（Sithathoriunet）公主的豎穴墓（由豎穴與地下墓室組成的墳墓），裡面放置了許多裝飾品等閃閃發光的陪葬品。

中王國時期的工藝品

在中王國時期，會用珍貴且美麗的石頭製作精美的裝飾品。放置在西撒霍留內特公主墳墓中的胸飾，以及用寶螺珠製成的腰飾，就是典型的例子。

此外，使用紫水晶也是中王國時期裝飾品的一大特色。從曼圖霍特普四世（Mentuhotep IV）以後的法老，持續開採紫水晶並製作了項鍊、腳鍊、各式各樣的護身符等等。

從第一中間時期到中王國時期第十二王朝中期左右的特色陪葬品，不能不說的就是木製模型。在穀物倉及啤酒釀造廠等工作的情景被製成了模型，放置在陵墓中以便為死者永遠提供食

物。在木製模型上，還生動地表現出當時人們的動作。

衰退徵兆始於中央集權的建立

繼辛努塞爾特二世之後的辛努塞爾特三世（Senusret III），向盛產黃金的努比亞進行了軍事遠征，並建造了要塞。據說他還軍事遠征過巴勒斯坦。

辛努塞爾特三世不僅在代赫舒爾建設了金字塔複合體，還在南部的阿拜多斯建造了陵墓。最近人們推測，辛努塞爾特三世被埋葬在阿拜多斯的王室陵墓中，而非金字塔裡。

辛努塞爾特三世將各省諸侯的兒子帶到孟菲斯地區進行教育，除了要培養出他們對法老的忠誠度，還讓他們負責行政工作，逐步建立了中央集權政體。

在他的繼任者阿蒙涅姆赫特三世（Amenemhat III）統治期間，雖然地方上仍存在各省諸侯，但是不再使用過去的稱號，陵墓的規模也變小了。此外，還實施了行政改革，避免權力集中於地方及特定官僚。

阿蒙涅姆赫特三世也積極從事採石及建築活動。他派遣遠征隊前往西奈半島尋找綠松石和銅，加強邊境防禦並擴大要塞，還興建與擴建了眾多神殿。

另一方面，大規模的採石和建築活動導致經濟疲軟。阿蒙涅姆赫特三世在位的後半期，尼羅河洪水氾濫得十分嚴重，甚至影響到農作物，因此埃及不論政治或經濟上都衰退了。

中王國時期的結束

阿蒙涅姆赫特三世的兒子（或孫子）阿蒙涅姆赫特四世（Amenemhat IV）的統治，僅持續了九年，但是他繼續遠征西奈半島，並與其他國家進行貿易。

由於阿蒙涅姆赫特四世沒有繼承人，所以據信是由他的女性親戚（也有人說是妻子）塞貝克涅弗魯（Sobekneferu）成為了女王。儘管沒有留下太多關於塞貝克涅弗魯女王統治時期的記錄，但是透過雕像表現出來的塞貝克涅弗魯女王，是一身搭配了男性與女性服裝的模樣。有時會使用通常為男性所持有的稱號，可能是為了證明自己實力堅強或有資格作為法老。

塞貝克涅弗魯女王的統治短短幾年便結束了，接著進入第十三王朝。辛努塞爾特三世在位期間制定的統治體制在這個時期仍被採用，至少第十三王朝早期的法老們控制了整個埃及。

法老不但建造金字塔，首都也繼續位於伊特塔威。舉例來說，汗傑（Khendjer）法老在代赫舒爾北部建造了金字塔。然而，與第十二王朝不同的是，第十三王朝統治時間較短，法老接連更迭。

第十三王朝中期左右，政局相對穩定，埃及各地都留有法老的碑文。此外，在重要貿易場所地中海東岸的比布魯斯，浮雕上顯示著當地統治者與當時法老內弗爾霍特普一世（Neferhotep I）的記錄，可見埃及和比布魯

當時的日本

西元前1800年左右，建於北海道洞爺湖町的入江貝塚裡有一座墳墓，裡面發現了成年男性的骸骨，手腳骨頭非常纖細，推測患有小兒麻痺症。即使無法參與勞動，村裡的人似乎也會照顧他們並協助生活。

斯之間關係密切。

然而，內弗爾霍特普一世並沒有統治整個埃及。他在位期間，已經開始有其他的統治者控制了東部三角洲的阿瓦里斯。

從美爾奈弗拉・阿依（Merneferre Ay）法老之後，都無法追溯法老的家譜。首都也從伊特塔威遷至底比斯，中王國時期迎來了結束。

聖書體的祕密

文字本身被認為是神聖的

在古埃及有很多種文字類型，包括用於神殿等建築物及各種陪葬品上的聖書體、用墨水快速寫在當時稱作莎草紙上的僧侶體等等。古埃及文字有縱書和橫書兩種寫法，橫書不只可從右寫到左，有時也會反過來從左寫到右。

聖書體是神聖的文字，精美地仿照了所有的事物，包括動物、人類以及日常物品等等。舉例來說，有時甚至會用寫實的方式鮮豔地描繪出鳥嘴和羽毛。

意指「麵包」，帶有「t」的音的聖書體（左圖的TO），就是從側邊看到的麵包形狀。即使在現在的埃及南部，還是有一種被稱為「太陽麵包」的麵包，會將滾圓的麵團擺在陽光下發酵再烘烤。表示「麵包（t）」的聖書體，就與這種麵包的形狀非常相似。

讀音	A	BU	DO	HU	GU	HU
文字						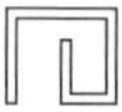

讀音	I	KU	MU	NU	PU	KU
文字						

讀音	RU	SU	SYU	TO	U
文字					

據說聖書體的文字本身便具有力量，有時描繪在陵墓或陪葬品上的一部分聖書體，還會刻意地不表現出來。

舉例來說，仿照貓頭鷹的聖書體，就不會將腳描繪出來。這是為了避免用聖書體描繪的動物變成真的，對被埋葬的人造成危害。

然而，在四世紀基督教成為羅馬帝國的國教之後，當時處於羅馬統治下的古埃及，傳統文化及宗教都開始受到迫害。聖書體也不例外，被視為異教之物而不再使用了。

耐人尋味的埃及偉人❷

第三王朝的建築師

印和闐

Imhotep

西元前 27 世紀

建造金字塔，後來被神化

既是宰相也是建築師的印和闐，服侍著第三王朝的第一位法老左塞爾，建造了埃及第一座大型石造建築的階梯金字塔。在這座階梯金字塔複合體中發現的左塞爾法老雕像的基座上，印和闐的名字與幾個稱號都被刻在法老名稱旁邊。

印和闐除了是一名建築師，還是書記、醫生、天文學家、祭司等等，被人視為天才備受尊敬。從古埃及後期開始，他被神化為建築之神和醫學之神，此外還被人與希臘醫學之神艾斯庫拉皮斯同等看待。代表印和闐的座像，像賢者一樣在膝上將古埃及的莎草紙卷軸攤開。

現在左塞爾法老階梯金字塔複合體所在的薩卡拉，設有一座冠上印和闐之名的「印和闐博物館」。

chapter 3

第二中間時期～新王國時期

異民族襲來

中王國時期的末尾，埃及政局逐漸變得不穩定起來。三角洲地區的防禦力不足，西亞裔的人們漂洋過海來到這裡定居。此後，在名為第二中間時期（西元前一六五〇年至一五五〇年左右）的時代，埃及經歷了異民族的統治。

這個西亞裔的異民族被稱作「西克索人」。這是源自古埃及語的「heka khasewet（異國的統治者）」。後來由西克索人建立了第十五王朝，並將首都定於阿瓦里斯。

此外，據說在這之前還曾經有過由西亞裔的異民族建立的第十四個王朝，但是關於實際情況一直備受爭議。

以底比斯為首都的第十六王朝和第十七王朝的法老們，與西克索人的第十五王朝形同對立。在第十五王朝與第十六王朝同一時期，於阿拜多斯也有一個王朝，二〇一四年發現了這個王朝塞內布凱（Senebkay）法老的陵墓。

驅逐西克索人

由西克索人建立的第十五王朝，在阿波比（Apepi）法老統治時期統治範圍擴張至最大，達到極盛時期。大約在此時由第十七王朝的塞格嫩拉・陶（Seqenenre Tao）法老掌權，為了獨立而與第十五王朝作戰。

根據後來撰寫的故事顯示，西克索人的阿波比法老提出了一個不合理的要求，「底比斯的河馬叫聲吵到我無法入睡，所以要殺掉它」這件事導致塞格嫩拉・陶法老決定出戰。

然而，塞格嫩拉・陶法老卻在與西克索人的戰爭中被擊敗而戰死。他的木乃伊

第二中間時期末尾的埃及

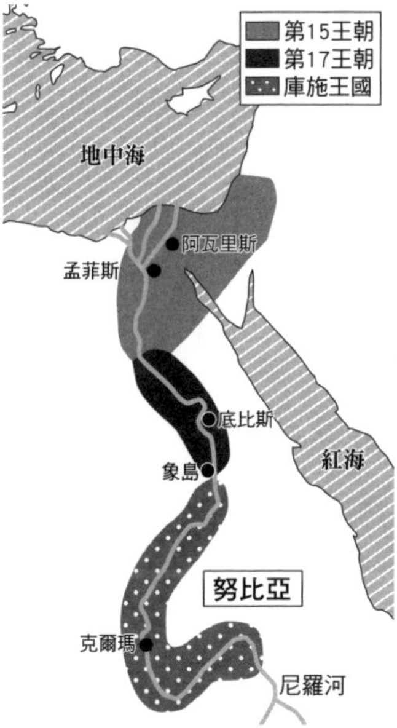

顴骨碎裂，頸部後方有被短劍刺傷的痕跡。額頭上則有一道被西克索人用斧頭砍傷的巨大傷痕。

塞格嫩拉・陶法老的繼任者卡摩斯（Kamose）法老，重新開始與西克索人交戰。

西克索人與在努比亞南部擁有強大勢力的庫施王國合作，企圖從南北夾擊底比斯。

卡摩斯法老捉到一名試圖送信給庫施王國國王的西克索人使者，阻止了這項計謀。而且他們還進攻到西克索人的首都阿瓦里斯附近，甚至遠征庫施王國。

最終，卡摩斯法老的侄子雅赫摩斯一世（AhmoseI）法老攻下了阿瓦里斯，並且控制了西克索人位於巴勒斯坦的據點。於是，西克索人被逐出埃及，第二中間時期便結束了。

當時的日本

繩文時代後期（西元前2300～1000年左右）的前半期，主要在關東甲信地區，建造了許多在住宅地板上放置巨大扁平石頭的石砌住宅。由於當時恰逢氣候變冷，因此據說這是對環境變化所採取的對策。

新王國時期的開始

雅赫摩斯一世法老重新統一埃及後，展開新王國時期的第十八王朝（西元前一五五〇年至一〇六九年左右）。雅赫摩斯一世法老平定各省諸侯的叛亂，進一步穩定了國家。繼任的阿蒙霍特普一世（Amenhotep I），還遠征南部礦產資源豐富的努比亞，並建立要塞，繼續保衛領土。從努比亞帶來的大量黃金，讓埃及的經濟蓬勃發展。

隨後繼承王位的圖特摩斯一世（Thutmose I），將領土擴張至庫施王國首都的不遠處，鞏固了對努比亞的控制。為了避免再次被異族統治，他遠征至西亞，到達幼發拉底河畔的卡爾凱美什。

圖特摩斯一世的兒子圖特摩斯二世（Thutmose II）在位僅三年左右，因此他並沒有積極對西亞進行軍事遠征。然而，他卻徹底鎮壓了努比亞頻繁出現的叛亂，保護了父親擴張的領土。

哈特謝普蘇特女王

圖特摩斯二世的正室是一位名叫哈特謝普蘇特（Hatshepsut）的女人，但是繼承王位的圖特摩斯三世（Thutmose III）卻是他與其他側室生下的孩子。由於圖特摩斯三世年紀尚幼，所以由哈特謝普蘇特擔任攝政王，掌握實權。

哈特謝普蘇特的行為超出了攝政王的角色，例如她將自己的名字加進顯示法老名字的王名框內。

後來，圖特摩斯三世在位的第七年左右，才終於登上了王位。

第18王朝前半期的王室簡易家譜

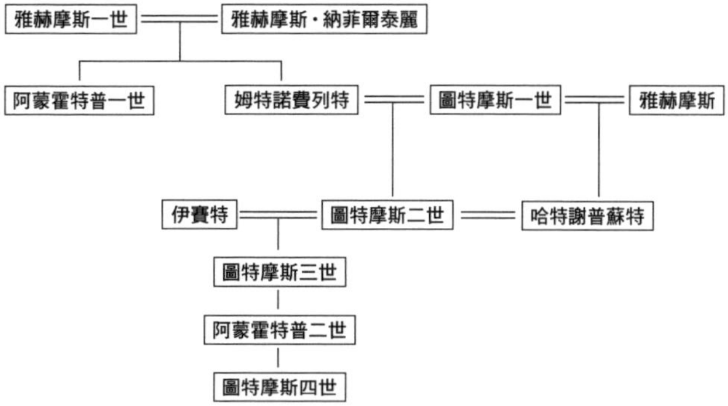

哈特謝普蘇特女王，與圖特摩斯三世共同統治埃及約十五年。在這段期間，他們與居住在南部紅海沿岸的蓬特人交流，並獲得了稀有的動植物等。位於代爾埃爾巴哈里的哈特謝普蘇特女王祭殿牆上，便描繪著這些景象。

此外，哈特謝普蘇特女王還在整個埃及進行建築活動，尤其是在底比斯為阿蒙神的節慶祭典建造了許多神殿。

抹去女王的記錄

當哈特謝普蘇特女王傾力與蓬特人進行貿易時，反抗埃及的西亞勢力逐漸團結起來。

女王去世後，過去一直安分守己的圖特摩

斯三世開始單獨統治，並於在位第二十三年時對西亞進行了軍事遠征。以軍事遠征擴張領土，進而控制了許多城市，也延伸到了努比亞。在位的第四十六年左右，圖特摩斯三世開始抹去哈特謝普蘇特女王的記錄，例如將她的圖像從壁畫上刪除等。

這並不是在表達怨恨，而是為了順利將王位傳給他的兒子阿蒙霍特普二世。當時認為法老就應該由男人繼承，因此女王的存在是不被承認的。

除掉人面獅身像的沙子就會成為法老!?

阿蒙霍特普二世也是一位英勇善戰的戰士，他在父親死後攻下發生判亂的西亞地區各城市，再次置於統治之下。

阿蒙霍特普二世去世後，圖特摩斯四世（Thutmose IV）繼承了王位，但是由於他是側室的兒子，因此他必須證明自己有資格成為法老。

於是，他在吉薩的大型獅身人面像的前腿之間立了一座石碑。碑文上寫著，當圖特摩斯四世還是王子時，他正在大型獅身人面像的陰影下午睡之際，太陽神以獅身人面像之姿出現在他的夢中，並做出預言：「只要你除掉覆蓋在自己身上的沙子，你就會成為法老。」此碑文便被稱作為「記夢碑」。

圖特摩斯四世與父親統治末期關係密切的米坦尼結盟，致力於穩定西亞局勢，可惜他卻英年早逝。

喪失威嚴和信任

圖特摩斯四世逝世之後，當時年僅十歲的阿蒙霍特普三世

（Amenhotep III）繼承了王位，這段時期西亞地區穩定，南部努比亞的殖民統治也進展順利。

從西亞和努比亞帶來了大量的貢品，與其他國家的貿易也蓬勃發展。新王國時期的極盛時期已然來到。

變得富有的阿蒙霍特普三世，在整個埃及和努比亞擴建與翻新神殿。此外，他還多次進行政治聯姻，例如迎娶米坦尼公主為妻等等，以強化與西亞各國的關係。

然而，由於他沒有進行軍事遠征，因此毫無機會向周遭展示埃及的武力。

阿蒙霍特普三世統治末期，主要在安納托力亞，也就是現在的土耳其繁榮起來的西臺帝國，開始向敘利亞北部推進。

即使西亞局勢不穩定，阿蒙霍特普三世還是沒有上戰場，只派出了小規模的遠征軍。因此，埃及逐漸喪失了威嚴和信任。

阿瑪納宗教改革

第十八王朝的人們有一個觀念，就是以法老之姿現身的一國之神阿蒙和王后之間，會誕生一個流淌著阿蒙血統的繼承人。因此法老會保護阿蒙神殿，並進行大量捐獻。

阿蒙祭司團所肩負的職責是批准法老，除了經濟實力之外，由於宗教上的權威，因此也開始對政治帶來影響力。而且，由於祭司團的權力變得過於強大，所以法老開始覺得他們十分危險。

阿蒙霍特普三世的兒子阿蒙霍特普四世（Amenhotep IV），也依照源自阿蒙神血統的繼任者原則即位了。可是這位法老，實際上從統治之初就信仰著另一位阿頓神。阿蒙霍特普四世將太陽神阿頓定位為新的一國之神，試圖排除威脅王權的阿蒙祭司團的存在。這

當時的日本

繩文時代中期（西元前2900～1900年左右），人口急劇增加，導致了嚴重的糧食短缺，加上氣候愈變愈冷，在西元前1000 年左右人口銳減。後來到了彌生時代，稻作的普及和村落的形成，人口才再次增加。

就是「阿瑪納宗教改革」的開始，不承認其他的眾神，視阿頓神為唯一的神。

阿蒙霍特普四世在位的第四年，決定在埃及中部的泰爾埃爾阿馬那建立新的首都阿克特阿頓（意指「阿頓的地平線」）。在此之前，該地區並沒有供奉其他神的神殿，因此它是最適合新首都的地點。

在他統治的第五年左右，他將阿蒙霍特普（意指「阿蒙神十分滿足」）的名字，改為阿肯那頓（Akhenaten），意思是「對阿頓神有益的人」。

此外，他還在各地建造供奉阿頓的神殿，甚至在阿蒙神主神殿的卡奈克神殿中，也建造了神殿。

而且阿肯那頓法老還修改了阿頓神頭戴日輪，具有遊隼頭男性之姿的圖像表現，變成日輪與其散發的光線，還有位於這些光線頂端的手舉著意指「生命」的生命之符的模樣。總而言之，就是將太陽本身視為信仰對象，而不是以人類或動物之姿的神像。

在這段時期，逐漸採用與過去存在明顯差異的其他圖像表現方式。舉例來說，透過浮雕或雕像表現出來的法老，都是上吊的眼睛、厚唇和凸出的下腹部等寫實的獨特形象。這就是所謂的「阿馬納風格」。

此外，也描繪了娜芙蒂蒂（Nefertiti）王后身邊沒有法老的情況下進行禮拜的場景，表示王后在宗教改革中也肩負了重要職責。

改革，大失敗

大約從阿肯那頓法老在位的第九年開始，宗教改革變得越發急進，埃及和努比亞的神殿及陵墓的牆壁上，甚至是小型聖甲蟲印章上，都將有阿蒙神的名字與圖像的部分刮除了。阿蒙神的雕像也被破壞，甚至其他傳統神祇也一樣遭到了破壞。

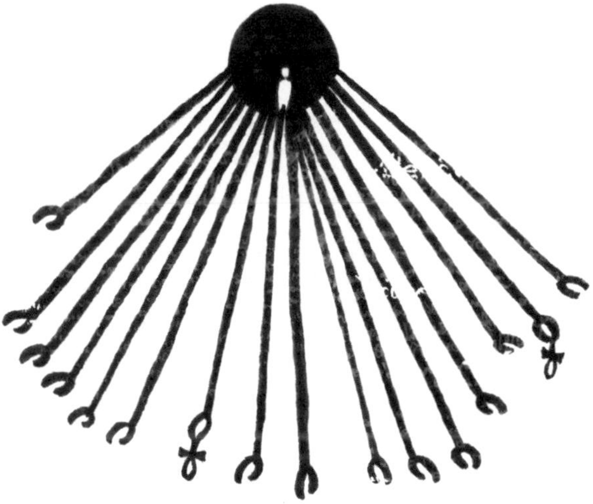

這場宗教改革，為埃及帶來了極大的損傷。

原本將阿頓視為唯一的神的這種信仰，是法老與阿蒙祭司團之間的衝突而誕生的，與一般人民的價值觀及宗教信仰並無關係。所以對一生崇拜眾多神祇的人們來說，完全無法接受。

後來只有阿肯那頓法老對阿頓神進行祭祀，禮拜也是透過法老進行。不認同過去的來世觀點，否定死者重生復活時地位極其重要的歐西里斯神，以及被視為「死者之書」的最後審判這些觀念，也是阿頓信仰紮根之路被斷絕的一個重要原因。

此外，由於許多神殿遭到關閉，所以據說在那裡工作的人們全都失業了。會聚集大量供品的神殿不但是一個經濟組織，也和國內的貨物流動有著密切的關係。可見神殿的關閉，也對經濟產生了負面影響。

西亞，幫不上忙

阿肯那頓法老在位的第十二年達到極盛時期，例如來自西亞、努比亞及愛琴海各國的使節團，都會帶著禮物前來阿克特阿頓。只不過，從這一年開始統治情況開始走下坡。

阿肯那頓法老在位的第十二年至第十四年左右，原本為友好關係的米坦尼變成西臺帝國的從屬國，而且一些曾經在埃及控制下的地區，也被西臺帝國鎮壓了。

位處埃及勢力範圍的西亞諸侯們，紛紛向埃及求救，但是阿肯那頓卻只派出了少數軍隊，並沒有充分回應需求。當時的埃及，實際上也與西臺帝國保有外交關係，據說他們並沒有積極進行軍事遠征，似乎決定要靜觀其變。

最終，埃及在西亞失去了信任，領土也在西臺帝國入侵後被奪走了。

年少的圖坦卡門法老

在阿肯那頓法老統治末期，據說是他的弟弟或兒子斯門卡瑞（Smenkhkare）法老登上王位，成為共同統治者，但是幾年後他就去世了。繼斯門卡瑞法老之後，由妮斐妮斐魯阿呑（Neferneferuaten）成為共同統治者。

妮斐妮斐魯阿吞法老從名字的特徵來看，推側應為一位女王。有一種說法是，阿肯那頓法老的妻子娜芙蒂蒂，後來成為了妮斐妮斐魯阿吞法老並共同統治。

阿肯那頓法老去世後，阿瑪納宗教改革面臨挫折，並在妮斐妮斐魯阿吞法老單獨統治時期，位於底比斯西岸的阿蒙神廟被重建了。

妮斐妮斐魯阿吞法老單獨統治幾年之後，由未滿十歲的少年圖坦卡頓（Tutankhaten）登上了王位。

取代年幼的圖坦卡頓法老掌握實權的人，是從阿肯那頓法老時期便已經擁有極大權力的宰相阿伊（Ay），以及軍事指揮官霍朗赫布（Horemheb）的這些軍人及官僚。他們首先將首都從阿克特阿頓遷至孟菲斯，法老的名字也從圖坦卡頓（「阿頓活生生的形象」）改為圖坦卡

當時的日本

大約3000 年前，霞浦沿海地區一帶會將海水煮沸用來製鹽，因此使用了大量的土器，稱為製鹽土器。由於需要有效率地加熱，厚度做得很薄。大量生產且用完即丟，所以做工粗糙也沒有加上任何圖案。

門（Tutankhamun，「阿蒙活生生的形象」）。在圖坦卡門法老統治期間，於阿瑪納宗教改革時受到迫害的傳統神祇信仰，真正得到了復興。

當以阿蒙神為中心的多神教世界再生之後，阿頓神不再是唯一的神，而是開始被視為眾神之一。曾經關閉的各神殿重新展開活動，過去在阿肯那頓法老命令下遭到破壞的神殿及神像，也得到了修復。

除了阿伊及霍朗赫布之外，財務大臣瑪雅（Maya）還將阿肯那頓法老聚集起來的財富分配給埃及各地的神殿，促進了對傳統神祇信仰的復興。

拉美西斯王朝的開始

圖坦卡門法老沒有留下任何繼承人便英年早逝，後來被埋葬在底比斯「帝王谷」的一座小陵墓裡。

這座陵墓於一九二二年被英國的霍華德・卡特（Howard Carter）發現，他找到了許多光輝奪目的陪葬品，包含一個黃金的面具。尤其是在法老木乃伊麻布裡，裝有大約一五〇件的裝飾品。

接下來繼承王位的人，是自詡擁有極大權力的阿伊，但是他年事已高，所以只過了四年左右便去世了。阿伊也沒有留下兒子，因此由軍事指揮官霍朗赫布繼承了王位。

霍朗赫布過去是一名勇猛的軍人，曾在西臺帝國入西亞領土時指揮作戰，從他成為法老開始便致力於重建行政機構。尤其是在宗教改革之後的混亂期間，嚴厲管制官僚和軍人貪污稅款等不當行為。

霍朗赫布法老持續復興以阿蒙神為中心的傳統神祈信仰活動，擴建了各個神殿。他還將各地的阿頓神殿拆除，重新利用作為擴建的建材。支持霍朗赫布法老多項改革的人，是來自三角洲的軍人普拉美斯（Pramesse），他也曾擔任過首相。霍朗赫布法老沒有兒子，於是他指名普拉美斯為他的繼任者。後來，在霍朗赫布法老去世後，普拉美斯即位成為拉美西斯一世（Ramesses I），第十九王朝就此展開。

第十九王朝（西元前一二九五年至一一八六年左右）和第二十王朝（西元前一一八六年至一〇六九年左右），因為多位名叫拉美西斯的法老即位，所以統稱為拉美西斯王朝。

消除阿瑪納的痕跡

拉美西斯一世積極建造神殿，但是他即位時已屆高齡，所以他在位僅有兩年時間。他的兒子塞提一世（Seti I）繼承王位後，摧毀了阿克特阿頓，將阿瑪納時期的痕跡徹底消除。

透過除去被視為異端的法老與信仰的痕跡，他恢復了阿瑪納宗教改革前的秩序，並且證明了自己有資格成為法老。

塞提一世為了奪回敘利亞的領土，於是向海外發動軍事遠征，暫時收復了敘利亞南部的阿姆魯和卡迭石。只不過，又再次被西臺帝國重新奪回。

拉美西斯二世與卡迭石戰役

塞提一世在統治末期，命拉美西斯王子為共同統治者，使王位繼承順利進行。隨後，拉美西斯王子便即位成為拉美西斯二世（Ramesses II）。

拉美西斯二世在位時間較長，不過他在位之初延續了父親的政策，一直都在與西臺帝國作戰。

此外，他還在北部的三角洲建造了培爾－拉美西斯城市，作為遠征西亞的據點。這座城市便成為第十九王朝與第二十王朝的新首都。

拉美西斯二世在位的第四年，首次遠征敘利亞，並再次奪回阿姆魯。然而，不久後西臺帝國國王穆瓦塔里二世（Muwatalli II）試圖收復阿姆魯，因此拉美西斯二世於在位的第五年展開了大規模的軍事遠征。

在第二次軍事遠征期間，拉美西斯二世和穆瓦塔里二世你來我往的「卡迭石戰役」情景，在許多埃及的神殿中都有描繪。雖然它被描繪成拉美西斯二世英勇善戰

西臺帝國與埃及

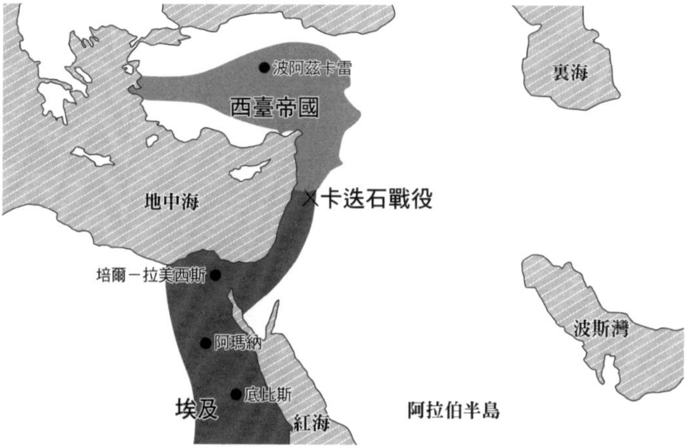

的故事，其實是為了強調法老的威嚴才被創作出來，事實上是埃及軍隊戰敗了，並沒有征服卡迭石。

此後，美索不達米亞北部的強國亞述勢力增強，威脅到西臺帝國的邊境，因此西臺帝國國王哈圖西里三世（Hattusili III）便向埃及請求支援。

拉美西斯二世在位的第二十一年，埃及與西臺帝國簽署了在記錄上可以認定是全世界最古老的和平同盟條約。也進行了政治聯姻，迎娶了兩位西臺帝國的公主成為拉美西斯二世的王后。

因此，西亞局勢便恢復了穩定。

「海上民族」入侵

拉美西斯二世在位的第六十二年，以九十歲高齡去世。繼承王位的是第十三子麥倫普塔（Merneptah），他即位時年紀已經很大了。

麥倫普塔法老向遭受飢荒的西臺帝國提供糧食援助，但是這場飢荒還擴及到安納托力亞西海岸和愛琴海島嶼上的居民們。他們組成了船隊並試圖移居，便稱作「海上民族」。

麥倫普塔法老統治的第五年，「海上民族」與利比亞人結盟，入侵三角洲地區。後來麥倫普塔法老將他們擊退了。

麥倫普塔法老死後，他的兒子塞提二世（Seti II）繼承王位，但是一個來歷不明名叫阿蒙麥西斯（Amenmesse）的人物卻篡奪了王位，並統治了幾年的時間。塞提二世隨後與阿蒙麥西斯發生內戰後獲勝，並且重新奪回了王權。

塞提二世與側室生下的繼任者西普塔（Siptah）體弱多病，因此由塞提二世的王后塔沃斯塔（Twosret）成為攝政王。

當西普塔法老一去世，塔沃斯塔便自行以女王的身份登上王位。接著在塔沃斯塔女王去世後，第十九王朝便宣告結束了。

第二十王朝與新王國時期的終結

塔沃斯塔女王去世後不久，一個名叫塞特納赫特（Setnakhte）的人物即位，成為了第二十王朝的第一任法老，但是統治時間非常短暫，很快就結束了。

他的兒子拉美西斯三世（Rameses III）在位的第五年，利比亞人入侵三角洲地區。拉美西斯三世將他們擊敗，並擒獲了許多俘虜，儘

管如此利比亞和其他部落的聯軍仍然反覆襲擊和掠奪三角洲地區。

後來在他統治的第八年，與海上民族發生戰爭。在第十九王朝時期曾一度擊退了海上民族，可是新的族群成為核心力量，不但消滅了西臺帝國，還相繼摧毀了東地中海地區的城市。

後來強大的埃及軍隊，在埃及邊境擊敗了海上民族。此時拉美西斯三世並沒有殺死所有的海上民族，而是將他們當成傭兵，並接納他們移居到巴勒斯坦南部的沿岸地區。

於是，西亞局勢因海上民族而發生了巨大變化。由於允許他們移居到巴勒斯坦南部的沿岸地區，不久後埃及與西亞的交流也開始惡化。

拉美西斯三世統治末期，因為農作物歉收導致了經濟惡化，各地官僚也變得愈來愈腐敗。

而且他在位的第二十九年，發生了世界上最古老的「罷工」。長期拖欠工資，工人們於是放棄工作，並坐在圖特摩斯三世的祭殿等處進行抗議。

在國內局勢惡化之下，拉美西斯三世最終遭到暗殺。此後，陸續出現八名自稱為拉美西斯的法老（拉美西斯四世至十一世），只是他們都無法找回過去的榮華。

盜墓者

第二十王朝末期，埃及國內動盪不安，治安也惡化了。盜墓者橫行於底比斯「帝王谷」的王室陵墓。遭逮捕的人當中，甚至有建造王室陵墓的工匠。

這個王朝最後一任法老拉美西斯十一世（Ramesses XI）在位期間，除了盜墓者和祭殿破壞者之外，還面臨利比亞人的入侵、飢荒，使得治安愈來愈惡化。為了恢復底比斯的秩序，他命令努比亞總督皮內赫西（Pinehesy）統治底比斯，但是不久後皮內赫西卻與阿蒙

當時的日本

土偶自1萬多年前就開始製作，形狀逐漸變得複雜。舉例來說，在西元前1000年左右，東北地區便出現了戴著雪鏡（遮光器）的「遮光器土偶」。土偶的外觀為女性，特徵是身體的某些部位經常缺失。

帝王谷

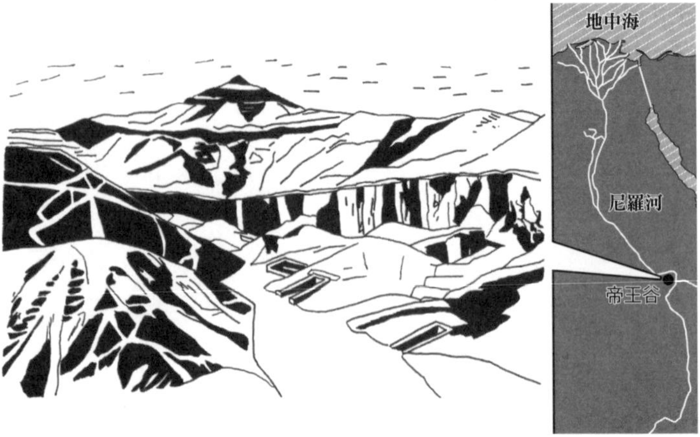

祭司團發生衝突。當時，阿蒙神殿擁有廣大耕地、大量家畜及船隊等。靠著龐大的資產，阿蒙祭司團擁有了強大的力量。

與阿蒙祭司團發生衝突的皮內赫西，最終驅逐了阿蒙神大祭司阿蒙霍特普（Amenhotep）。

後來，當阿蒙霍特普向拉美西斯十一世求助時，努比亞總督和阿蒙祭司團的內訌愈演愈烈，並且引發了內戰。

皮內赫西違抗法老，甚至進軍埃及中部的北方，可是最後敗給了法老的軍隊。撤退到努比亞的皮內赫西，就在那裡結束了一生。

皮內赫西死後，他的女婿赫里霍爾（Herihor）將軍繼承了努比亞總督的頭銜，並即位成為阿蒙大祭司。獲得了軍事力量和宗教兩大後盾的赫里霍爾，制定了自己的年號「Wehem Mesut」，意指「重生」，並將拉美西斯十一世在位的第十九年定為朝代起始年。

後來他在上埃及，建立了阿蒙神的神權國家。

祕密專欄

埃及神話與眾神

從尼羅河誕生的獨特神明

在古埃及，天地的創造以及王權的建立都是透過神話來講述，眾神的形象留傳在壁畫上等各個地方。眾神的外表特徵，大多是人類的身體加上動物的頭部，反映出居住在尼羅河流域的各種生物姿態。

在歐西里斯神話中，也描繪了歐西里斯神的重生和復活，表現出古埃及人的來世觀。歐西里斯身為地上的統治者，維持埃及的穩定，並與妹妹伊西斯（Isis）結婚，生下了荷魯斯（Horus）。

然而，賽特（Set）嫉妒優秀的哥哥，殺了歐西里斯，並將他的屍體切碎後扔進尼羅河裡。

隨後，長大成人的荷魯斯向賽特挑戰，取得勝利。伊西斯將歐西里斯的屍體撈

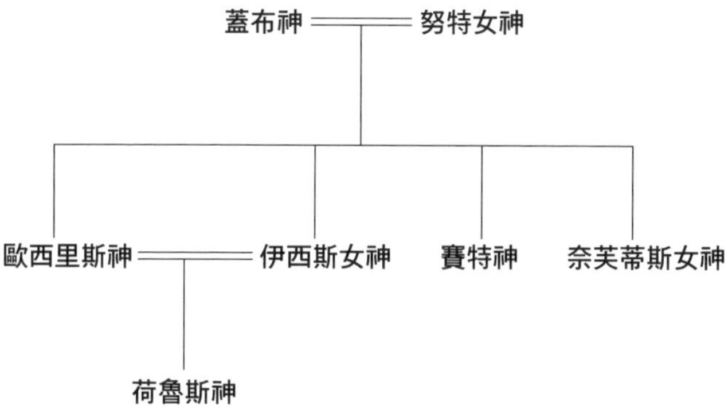

起來讓他復活，不過他將地上統治者的地位讓給了兒子荷魯斯，最後歐西里斯成為了冥界的統治者。

這個神話也與王權觀念息息相關，法老被視為是歐西里斯與伊西斯所生的荷魯斯神，或是荷魯斯的化身。

在古埃及，各個家庭所崇奉的民間信仰十分盛行，也會崇拜祖先。特別受歡迎的神，包括了懷孕和分娩期間能驅邪及順產的貝斯神。

在新王國時期第十八王朝，由於阿蒙霍特普四世的阿瑪納宗教改革，將宗教改為阿頓神的一神教，只是過程並不順利。造成這種情況的原因之一，就是在盛行民間信仰的人民之間，一神教完全無法紮根。

耐人尋味的埃及偉人❸

世界上第一位考古學家

卡姆瓦塞特

Khaemwaset

西元前 13 世紀

對「古代」紀念性建築感興趣並熱衷修復

卡姆瓦塞特出生於新王國時期第十九王朝，為拉美西斯二世法老的第四王子，曾擔任孟菲斯卜塔神的祭司。

卡姆瓦塞特當時對1000多年前的「古代」紀念性建築非常感興趣，熱衷於修復它們。

舉例來說，在孟菲斯附近薩卡拉的古王國時期第五王朝烏納斯（Unas）法老金字塔的南側，就刻有卡姆瓦塞特的碑文，記載了搖搖欲墜的金字塔修復工程。

在試圖修復和保存古代紀念性建築這一點上，卡姆瓦塞特對後世的影響重大，可說是世界上第一位考古學家或埃及學家。

由於他的父親拉美西斯二世十分長壽，所以卡姆瓦塞特在王子時期便結束了他的一生。

chapter 4

古埃及文明的結束

南北有不同的統治者

當赫里霍爾在上埃及建立阿蒙神權國家時，軍事指揮官斯門代斯（Smendes）則在下埃及掌握了實權。而拉美西斯十一世的權威已經減弱，他的存在不再令人關注。拉美西斯十一世去世後，由斯門代斯成為法老，以三角洲地區的塔尼斯為首都的第二十一王朝就此展開。另一方面，在阿蒙神權國家則是由皮努傑姆一世（Pinedjem I）繼承了阿蒙大祭司，並自稱為法老。

因此，後來便以法雅姆附近的希巴為邊界，上埃及由阿蒙神權國家統治，下埃及由第二十一王朝控制。多方勢力並存的第三中間時期就此展開。

在第二十王朝盜墓者橫行的帝王谷，受到了保護和修復，但是到了阿蒙神權國

家使用的年號Wehem Mesut十年，阿蒙大祭司開始了有組織的盜墓。他們利用搶奪來的裝飾品等確保財源，得到了地位及權力。

皮努傑姆一世也不例外，他名義上將新王國時期的法老木乃伊移到安全的地方，可是實際上卻掠奪並重複利用了放置在陵墓中的種種貴重物品。

皮努傑姆一世的兩個兒子成為阿蒙神權國家的法老，另一個兒子普蘇森尼斯一世（Psusennes I）則繼承了第二十一王朝的王位。這樣一來，統治者也就有了血緣關係，阿蒙神權國家與第二十一王朝便建立起友好的關係。

利比亞人的王朝

利比亞人在拉美西斯王朝時期，入侵了三角洲地區，後來遭埃及軍隊擊敗便以傭兵的身分定居下來。

到了第二十一王朝時，利比亞人已經靠武力提升地位，成長為一大勢力。

利比亞部落首領的兒子奧索爾孔（Osorkon），與底比斯阿蒙大祭司的家族並沒有血緣關係，但是他卻登上王位，成為下埃及第二十一王朝的第五任法老。

第二十一王朝的最後一任法老是蘇塞尼斯二世（Psusennes II），他也是底比斯的阿蒙大祭司。在他即位後利比亞人依舊繼續得勢，奧索爾孔法老的侄子舍順克（Sheshonk）繼承王位成為舍順克一世（Sheshonk I），建立第二十二王朝。

舍順克一世任命他的兒子伊烏普特為阿蒙大祭司，統治了上埃及的阿蒙神權國家，他試圖恢復「一位法老統治整個埃及」的時代。這時王朝的中心為於塔尼斯，王室陵墓也建在那裡。為了收復敘利亞和巴勒斯坦的領土，進行了軍事遠征，紀念這次勝利的圖像，就刻在位於底比斯的卡奈克阿蒙大神殿牆上。

國土再次分裂

儘管舍順克一世試圖再次統一埃及並強化中央集權，他還是無法完全找回昔日榮光。在他繼任者的時代，埃及再次分裂。

第二十二王朝第四任法老奧索爾孔二世（Osorkon II）統治末期，底比斯的阿蒙大祭司塔克洛特二世（Takelot II）自稱為上埃及法老，以底比斯為中心的第二十三王朝興起。

第二十二王朝與第二十三王朝曾經短暫並立，但是他們的關係卻不太為人所知。據說第二十二王朝的權威逐漸減弱，不久後便消失了。

此後在埃及各地，出現主張自治的法老，亂成一團。在過去曾是殖民地的努比亞南部，信仰阿蒙神的庫施王國顯露頭角。儘管不再受埃及統治，庫施王國的國王仍然深深信仰阿蒙神。

西元前七五〇年左右，庫施王國的克什塔（Kashta）國王將整個努比亞置於統治之下，而且還自稱「上下埃及之王」，並造訪阿蒙信仰中心地的底比斯。因為他想乘著埃及動盪不安之際，來擴張自己的統治範圍。

公主是「阿蒙神的妻子」

克什塔國王雖然返回了努比亞，卻是由他的兒子皮耶（Piye）繼位，成為第二十五王朝的第一位國王，並且再次試圖統治埃及。

皮耶國王與底比斯第二十三王朝協商，任命自己的妹妹阿門伊迪斯一世（Amenrdis I）為「阿蒙神的妻子」，這是擁有極大權力的職位。在底比斯第二十三王朝，公主成為「阿蒙神的妻子」，開始掌握凌駕阿蒙大祭司的權力。

庫施王國就這樣對底比斯的阿蒙祭司團造成了巨大影響，也逐漸得到宗教上的權力。皮耶國王起初與底比斯的第二十三王朝保持著良好的關係，但是不久後便開始完全控制了上埃及。

大約在這個時候，於下埃及有一個名叫特弗納赫特（Tefnakh）的人物崛起，控制了西部三角洲地區。特弗納赫特占領了孟菲斯，而且還近逼到上埃及北部。

為了因應這種局面，在西元前七三〇年左右，皮耶國王親自上陣，擊敗了特弗納赫特。皮耶國王攻下孟菲斯後，向卜塔神等孟菲斯的眾神上供，舉行了加冕儀式，成為埃及法老。特弗納赫特和下埃及的豪族們向皮耶法老投降，皮耶法老最後統一了上埃及與下埃及。

此後皮耶法老凱旋回到努比亞的根據地那帕塔，以底比斯的阿蒙大神殿為藍本，翻修並擴建了博爾戈爾山的阿蒙神殿。此外，還為皮耶法老和他的家族建造金字塔。

庫施王朝再次征服埃及

當皮耶法老回國後，本來應該已經投降的特弗納赫特在三角洲地區東山再起，並於西元前七二〇年左右建立第二十四王朝。他的兒子波克霍利斯（Bakenranef）法老將勢力擴大，並以孟菲斯為首都，控制了下埃及。

皮耶法老的弟弟沙巴卡（Shabaka）法老繼承了王位，派軍隊前往埃及後，戰勝了波克霍利斯法老。隨後，沙巴卡法老為了真正對埃及進行統治，於是將首都從那帕塔遷至孟菲斯。

庫施王朝的第二十五王朝，為了昭告統治埃及的正當性，讓神殿上使用文字及裝飾與古王國時期相似。這稱為復興傳統。

敗給亞述後王朝瓦解

沙巴卡法老的繼任者沙巴塔卡（Shabatka）法老，必須對付在西亞勢力擴張的亞述帝國。西元前七〇一年，為了援助在亞述引發叛亂的猶大王國，他派出兒子塔哈爾卡（Taharqa），最後卻敗給了亞述軍隊。第二十五王朝的極盛時期，是這位塔哈爾卡在位的期間，可是卻無法逃脫亞述的入侵。

西元前六七一年，當孟菲斯被阿薩爾哈東（Esarhaddon）國王率領的亞述軍隊占領後，塔哈爾卡法老便逃往了努比亞的那帕塔。

此後，阿薩爾哈東國王允許位於西部三角洲地區塞易斯的尼科一世（Necho I）等埃及的地方豪族擁有自治權，並離開埃及前去鎮壓敘利亞和巴勒斯坦的叛亂。

此後塔哈爾卡及他的繼任者坦沃塔瑪尼（Tantamani），多次舉旗反抗亞述卻都失敗，西元前六五六年坦沃塔瑪尼法老去世後，第二十五王朝便宣告結束。

古埃及後期的開始

得到亞述允許擁有埃及自治權的尼科一世，在他死後由他的兒子普薩美提克一世（Psammetichus I）繼位，後來在三角洲地區的塞易斯建立了第二十六王朝（塞易斯王朝）。

普薩美提克一世壓制了整個下埃及，並任命他的女兒尼托克里斯（Nitocris）成為當時在底比斯擁有極大權力的「阿蒙神的妻子」，最後底比斯和上埃及都在他的控制之下。普薩美提克一世成為統一整個埃及的法老，他對於保衛國家十分重視，不僅建造了要塞還駐派守備隊，以保衛國土。

第二十六王朝重用希臘人及卡里亞人（居住在現在

當時的日本

關於年代有諸多說法，但在西元前10 世紀左右，水稻種植從朝鮮傳入九州，後來便展開了彌生時代。在福岡市的板付遺跡中，發現了灌溉渠道和水田的遺跡，被視為與當今日本水稻種植的起源有關。

土耳其附近的人們）等傭兵，並積極從事地中海貿易。建於西部三角洲地區的希臘人城市——瑙克拉提斯成為貿易中心，住民都被賦予特權。另外由於第二十六王朝曾是利比亞人的王朝，還是必須強調他們是埃及傳統文化正統繼承人的身分，便推動了類似第二十五王朝的復興政策。

第二十六王朝與西亞局勢

當亞述在西亞的勢力減弱後，另一方面新巴比倫帝國則強化了存在感。在這種情況下，第二十六王朝與亞述聯手，試圖阻止新巴比倫帝國的勢力。

西元前六一二年，當亞述的首都尼尼微被攻下時，普薩美提克一世前來援助逃往敘利亞的亞述國王。

普薩美提克一世的繼任者尼科二世（Necho II）即位後，原則上為了支援亞述，立即於西元前六〇九年對敘利亞和巴勒斯坦進行軍事遠征，後來成功將以色列與猶大王國置於統治之下。

西元前6世紀初左右的西亞

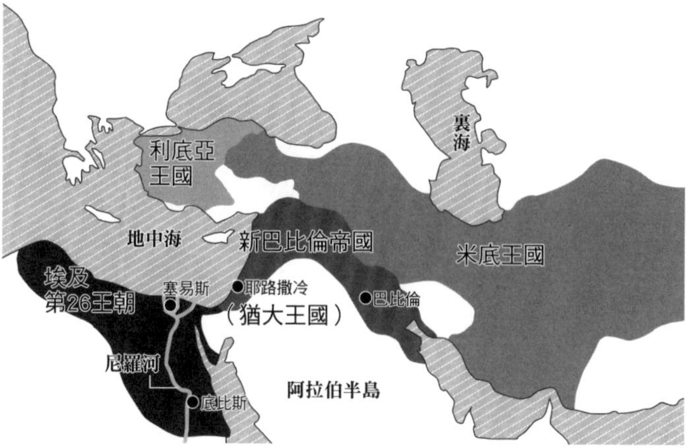

然而在西元前六〇五年，尼科二世與新巴比倫帝國的王子尼布甲尼撒（Nebuchadnezzar）所率領的軍隊，在卡爾凱美什交戰時慘敗，並撤退到埃及。尼科二世在西元前六〇一年，擊退了企圖入侵埃及的新巴比倫帝國軍隊，但敘利亞和巴勒斯坦最終都被納入了新巴比倫帝國的勢力範圍內。尼科二世復興的「帝國」在短短幾年內便迎來結束。

第二十六王朝的滅亡

尼科二世的兒子普薩美提克二世（Psammetichos II）繼位之後，繼續抵抗新巴比倫帝國，並對巴勒斯坦進行軍事遠征。此外，他們還控制了南方的庫施王國，入侵到努比亞。繼承父親普薩美提克二世的阿普里斯（Apries）法老，也為了擴張領土而遠征西亞及地中海地區。

西元前五八八年，猶大王國的首都耶路撒冷遭到新巴比倫帝國軍隊進攻之際，阿普里斯法老親赴戰場，卻吃了敗仗。而且隔年還慘敗給新巴比倫帝國軍隊，耶路撒冷在沒有援助下於西元前五八六年遭到占領。人民被俘擄到巴比倫，猶大王國便滅亡了。

阿普里斯法老為了援助將希臘殖民城市視為威脅的利比亞人，於是發動了軍事遠征，但也是慘敗。

面對無法在戰鬥中獲勝的阿普里斯法老，埃及士兵最終爆發叛亂。為了平息這場叛亂，阿普里斯法老派出雅赫摩斯（Ahmose）將軍，但是雅赫摩斯卻反過來成為叛軍的首領，並奪取王位。

阿普里斯為了奪回王位而戰，可是最後卻戰死了。

雅赫摩斯法老篡奪王位後登基，迎娶希臘女子為王后，與希臘建立了友好關係。

雅赫摩斯法老重新檢討過去的外交政策，並與新巴比倫帝國、利比亞的昔蘭尼、利底亞王國、希臘的斯巴達等國結盟。這都是為了對抗曾經對西亞及北非造成威脅的阿契美尼德王朝波斯帝國。

在希羅多德（Herodotus）的《歷史》一書中，庶民出身的雅赫摩斯法老被描述成一個寬容而受人民歡迎的人物。此外，他還在各地興建神殿，致力於建築活動等等，在他統治下度過了四十四年繁榮盛世。

然而，與埃及結盟的利底亞王國和新巴比倫帝國，卻被波斯消滅了。

西元前五二五年，埃及由雅赫摩斯法老的繼任者普

當時的日本

水稻種植傳入展開彌生時代後，北海道和南西諸島發展出了自己獨特的文化。而且，北海道的海上續繩文文化後來演變成阿伊努文化，而與中國大陸及東南亞有關的南西諸島的後期貝塚文化則形成了琉球國。

薩美提克三世（Psammetique III）所統治，但是波斯卻在此時入侵，攻下孟菲斯。再加上盟友的背叛，最終普薩美提克三世遭到處決，第二十六王朝最終滅亡了。

從此，埃及成為波斯帝國的行政區域之一。

波斯統治的開始

波斯國王將埃及交給代理人管理，並沒有直接統治。這個由波斯統治的第一個時期，被視為第二十七王朝。

希羅多德將波斯國王坎比塞斯（Καμβύσης），描述成一個不理解埃及人的信仰，也無視傳統宗教的暴君。但是實際上坎比塞斯國王不僅崇拜並敬重埃及眾神，還採用了過去埃及法老的傳統稱號，並起用埃及高官等等，以設想周到的方式統治埃及的原住民們。

他的繼任者大流士一世（Darius I）也延續了這項政策，遵循傳統做好埃及法老的角色，例如建造及翻修神殿等等。除了完成一條連接尼羅河和紅海的運河，更在埃及配置了波斯帝國行省首長的總督，作為國王的代理人。

來自埃及內部的反彈

儘管第二十七王朝對埃及的統治，絕對沒有無視埃及的傳統，卻還是未能倖免於埃及內部的反彈。

埃及各地的地方勢力都在尋找機會擺脫波斯的統治，後來在坎比塞斯國王死後立即爆發了叛亂。雖然大流士一世很快就平息了這些叛亂，但是即使在下一任國王薛西斯一世（Xerxes I）的統治下，埃及各地還是接二連三地發生叛亂，在下一任國王阿爾塔薛西斯一世（Artaxerxes I）統治期間，混亂仍在持續。

後來在西元前四〇四年，第二十七王朝阿爾塔薛西斯二世（Artaxerxes II）統治時期，塞易斯的豪族阿米爾塔尼烏斯（Amyrtaeus）引發了一場反抗波斯統治的叛亂，並且成功了。阿米爾塔尼烏斯建立了第二十八王朝，只可惜這個王朝只持續一代便結束了。

政變，再次臣服波斯

位於東部三角洲地區門德斯的豪族尼菲利提斯（Nepherites），將阿米爾塔尼烏斯驅逐後，即位成為第二十九王朝的第一任法老尼菲利提斯一世（Nepherites I）。尼菲利提斯一世不僅在首都門德斯，也在上埃及進行建築活動。

繼任的哈科爾（Hakor）法老，與希臘的古雅典以及賽普勒斯結盟，對抗近逼至地中海世界的波斯帝國。當賽普勒斯背叛並與波斯方面聯手時，哈科爾法老利用古雅典的傭兵軍隊擊退了波斯軍隊的入侵。

然而，在下一任法老尼斐利提斯二世（Nepherites II）時期，軍人內克塔內布（Nectanebo）卻發動政變，推翻了第二十九王朝。隨後他登上王位，成為第三十王朝的第一任法老內克塔內布一世（Nectanebo I）。

內克塔內布一世為了證明自己夠資格成為法老，在埃及各地擴建和翻修神殿，表現出一位傳統法老的作為。此外，為了應付來自波斯帝國的攻擊，他還在三角洲地區的東北方建造要塞。

繼任者塔科斯（Teos）法老，支持外國勢力的叛亂反抗波斯國王，而且除了埃及軍隊之外，他還雇用了許多希臘士兵遠征敘利亞。只不過，塔科斯法老為了籌措軍事遠征所需的資金，不但限制埃及境內的神殿收入，還對人民徵收重稅，並沒收了貴金屬。人民的不滿情緒日益高漲，後來塔科斯法老的侄子內克塔內布二世（Nectanebo II）叛變，成為了法老。

雖然內克塔內布二世試圖建立王權，但是波斯國王很快便攻入埃及。內克塔內布二世差一步就要擊退波斯大軍，然而在西元前三四三年波斯大軍再次進攻時，內克塔內布二世隨即逃亡上埃及。後來，他在那裡繼續抵抗了兩年左右，可是最終向波斯投降，第三十王朝就此結束。

埃及再次成為波斯帝國的行省（第三十一王朝），從此之後，古埃及繼續被外來統治者所統治。

亞歷山大大帝

第二次的波斯統治十分殘酷，例如埃及各地的神殿都被洗劫一空，不過時間並沒有持續太久。

西元前三三四年，馬其頓的亞歷山大大帝（Alexander the Great）開始東征，並於隔年在伊蘇斯戰役中，擊敗了數量比他多一倍的波斯大流士三世（Darius III）軍隊。

此外在西元前三三二年，他還將敘利亞置於統治之下，並且入侵到埃及。

當時，埃及人民十分歡迎亞歷山大大帝，認為他能幫他們擺脫折磨他們的波斯統治。隨後，亞歷山大大帝在孟菲斯登基成為埃及法老，埃及落入馬其頓王國的控制之下。

亞歷山大大帝不僅在西部三角洲地區建造了新的首都亞歷山卓，還十分重視埃及的傳統宗教，進行了神殿的翻修等等。

大帝之死與內訌

亞歷山大大帝在埃及留下代理人後再次前去遠征，二度擊敗了大流士三世。

西元前三三〇年，大流士三世因謀反而遭到殺害，波斯帝國滅亡。亞歷山大大帝繼續進行遠征，可是在西元前三二三年病逝於巴比倫。

亞歷山大大帝去世後，爆發內訌，他留下的帝國被幾個具影響力的人瓜分。在這當中控制埃及的人，就是亞歷山大大帝的同窗兼戰友托勒密（Ptolemaeus）。

當時的日本

西元前2 世紀～西元前1 世紀，青銅器普及且被大量放置墳墓當中。彌生時代代表的青銅器是銅鐸，類似所謂的鐘，會吊掛起來並發出聲音，據說會用於在農耕相關的儀式上。

托勒密將亞歷山大大帝的遺體埋葬在亞歷山卓，藉此證明了他有資格成為繼任者，並即位成為埃及法老托勒密一世（Ptolemaios I）。此後稱為托勒密王期時期（西元前三〇五至西元前三〇年），成為古埃及最後的王朝。

托勒密王期時期

托勒密王朝保護埃及的傳統文化及宗教，在各地神殿進行建築活動。隨著許多希臘人移居埃及並獲得了較高社會地位後，發生了巨大變化。例如除埃及語之外，希臘語也被視為官方語言，貨幣也開始頻繁被使用。此外還誕生了由傳統埃及神與希臘神結合後的塞拉比斯神信仰，作為埃及人和希臘人雙方都能接受的國家神祇。

托勒密一世至三世在位期間是托勒密王朝的極盛時期，首都亞歷山卓十分繁榮。除了作為貿易據點之外，還建造了王宮、神殿、博物館、大型圖書館，成為了希臘化文明的中心地。而且在托勒密三世時期，統治領土變得相當廣闊。

另一方面，對於社會地位較高的希臘裔居民，埃及人的不滿情緒與日俱增。就

托勒密王朝的王室簡易家譜

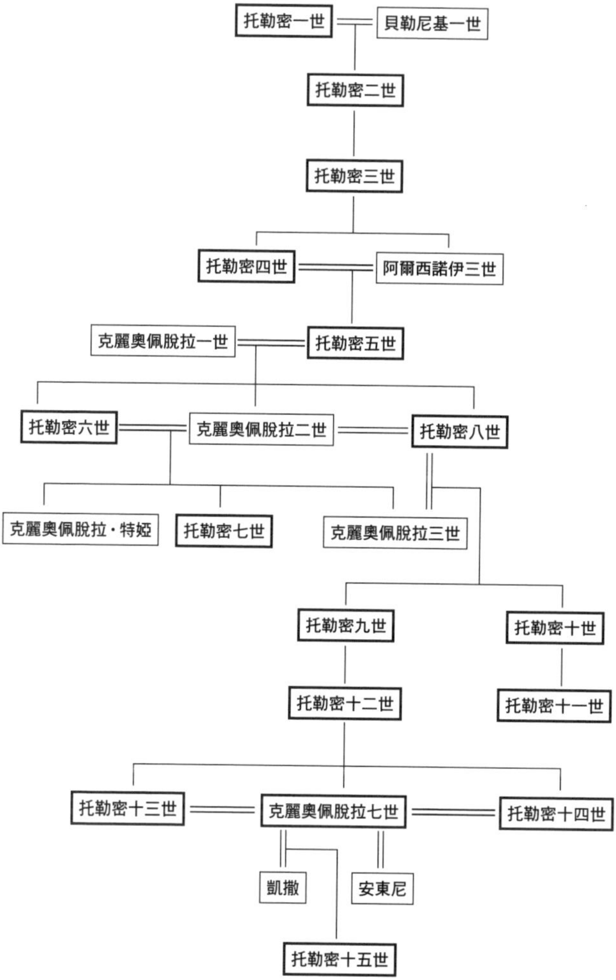

在上埃及開始展現出獨立趨勢的當下，敘利亞多次試圖入侵埃及。托勒密四世（Ptolemy IV）向埃及人大量徵兵以擊退敘利亞，不過諷刺的是，這也導致擁有武力的埃及人變得更加獨立。

不久後上埃及南部擺脫了托勒密王朝的統治，三角洲地區也爆發了叛亂。

失去西亞的領土

在這種情況下，年僅六歲左右便即位的托勒密五世（Ptolemy V），被再次入侵的敘利亞國王擊敗，失去了所有的西亞領土。

後來托勒密五世，被迫與敘利亞國王的女兒克麗奧佩脫拉一世（Cleopatra I）結婚。與敘利亞建立了和平關係的托勒密五世，平定上埃及和三角洲地區的叛亂，再次統一國家。

托勒密五世死後，又一次與敘利亞爆發戰爭，社會陷入混亂，托勒密六世（Ptolemy VI）和他的弟弟托勒密八世（Ptolemy VIII）同時自稱法老對立鼎峙。

當時，已經成為地中海世界的強國羅馬在此時介入之後，敘利亞軍隊隨即撤退，托勒密六世和托勒密八世開始統治埃及不同地區，但是因為兩人之間的衝突所形成的內訌，削弱了托勒密王朝的勢力。

奉承羅馬的法老

大約在這個時候，羅馬是地中海世界的中心。因內訌而陷入混亂的埃及逐漸受到羅馬的影響。

儘管因為王位繼承等問題而持續陷入混亂，但是托勒密十二世（Ptolemy XII）透過讓羅馬承認他為埃及法老而得到了王位。然而法老不但向羅馬阿諛奉承、屢次進貢，再加上素行不良及賦稅沉重，導致他被埃及人民怨恨和輕蔑。

當曾為埃及殖民地的賽普勒斯遭羅馬吞併之後，隨即在亞歷山卓引發暴動，托勒密十二世於西元前五十八年逃往羅馬。

人在羅馬的托勒密十二世藉由賄賂拉攏盟友，借助羅馬軍隊的力量於西元前五十五年回到埃及，再次登上王位。然而，為了償還在賄賂時欠下的債務，他計畫讓一名羅馬人擔任財務大臣，因此民眾再次引發暴動。

克麗奧佩脫拉女王登場

托勒密十二世去世後，他子女中身為姊姊的克麗奧佩脫拉七世（克麗奧佩脫拉女王，Cleopatra VII）與弟弟托勒密十三世（Ptolemy XIII），試圖以共同統治者的身分恢復國家勢力，但是不久後發生衝突，克莉奧佩特拉七世被流放到巴勒斯坦。

大約在這個時候羅馬也發生內訌，龐貝（Ponpeius）和凱撒（Caesar）陣營相持不下。戰敗的龐貝逃往了亞歷山卓，卻在那裡被托勒密十三世試圖討好凱撒的朝臣給殺害。

然而，追隨龐貝來到亞歷山卓的凱撒卻勃然大怒。因為二人雖然相持不下，但是凱撒和龐貝過去曾是朋友關係。

克麗奧佩脫拉七世沒有錯過這個機會，立即與凱撒聯手，和托勒密十三世一方交戰。她與凱撒在這場戰爭中獲勝，而托勒密十三世陣亡了。隨後克麗奧佩脫拉七世讓她的另一個弟弟托勒密十四世（Ptolemy XIV）作為共同統治者，並與凱撒生了一個兒子凱撒里昂（Caesarion）。她抱著與凱撒一起統治地中海世界的野心，但凱撒卻遭到了暗殺。

托勒密王朝結束

克麗奧佩脫拉七世殺害了托勒密十四世，並讓她的兒子凱撒里昂成為新的共同統治者，即位後成為了托勒密十五世（Ptolemy XV）。此外，克麗奧佩脫拉七世為了讓王朝延續下去，因此與羅馬具有實力的安東尼（Antonius）聯手。

克麗奧佩脫拉七世與安東尼試圖擴大

勢力範圍，但是與身為凱撒養子並將羅馬控制在手中的奧古斯都（Augustus）形成對立，並於西元前三十一年在亞克興海戰中戰敗。安東尼被羅馬軍隊逼到走投無路而自殺，隨後克麗奧佩脫拉七世也結束了自己的生命。她的兒子托勒密十五世凱撒里昂同樣被奧古斯都殺死，托勒密王朝就此滅亡。

古埃及的終結

埃及已經不再是一個獨立的國家，成為了羅馬的一個行省，但是與其他羅馬帝國領土不同的是，它被視為是皇帝的私人土地。此外，雖然羅馬將埃及當作剝削的對象，另一方面卻尊重埃及的文化及宗教，並擴建和翻修了神殿。

古埃及的文化在羅馬統治時期（西元前三十年至西元三九五年）仍存活了一段時間。然而，當一世紀於巴勒斯坦誕生的基督教，在四世紀成為羅馬帝國的國教之後，埃及的傳統文化及宗教便開始受到迫害。

埃及的神殿遭人破壞或改建成基督教教堂。古埃及的聖書體也被視為異教，並且開始使用根據希臘字母而來的科普特文。

不久後，羅馬帝國分裂為東羅馬帝國和西羅馬帝國，埃及成為拜占庭帝國（東羅馬帝國）的領土。基督教在拜占庭統治下逐漸遍及埃及，亞歷山卓成為當時基督教世界的中心地之一。

然而，在四五一年舉行的迦克墩公會議上，強調基督神性的埃及基督徒被視為異端。此後埃及的基督徒組成了一個獨立的教會組織，稱為科普特正教會，以此作為一個獨創的教派展開活動。

到了六世紀中葉，古埃及傳統宗教僥倖存活的菲萊島（亞斯文近郊，下努比亞的一座島嶼）的伊西斯神殿最終遭到了關閉。

因此，延續了數千年的古埃及文明就此落幕。

祕密專欄

挖掘並非冒險或尋寶

考古學考察挖掘的真實情況

為了還原古埃及的歷史，考古學的考察挖掘成果會帶來很大的幫助。從遺跡中發現的東西，可以了解當時的很多事情。

說到「挖掘」一詞，可能會讓人聯想到冒險或尋寶的畫面。但是實際上，考察挖掘要經過周詳的計畫、事前調查及準備才能開始進行。由於考察挖掘會破壞遺跡，因此必須盡可能將這些破壞程度降至最低，並詳細記錄在挖掘過程中獲得的所有資訊。

舉例來說，當發現土器時，會詳細記錄它來自哪裡、呈現何種狀態、與什麼東西一起出現等資訊。累積這些資訊，才能還原當時人們的行為及生活方式。

此外，並不是挖掘之後就結束了，挖掘之後的工作也很重要且涉及許多層面。

經過挖掘之後發現的土器等物品，經常已經是支離破碎，因此要將它們像拼圖一樣拼湊在一起。

隨後，要觀察和測量這些物品，並製作稱為「實測圖」。要仔細觀察該物品在製作時或使用時是否有留下哪些痕跡，同時將其反映在圖紙上。

近年來，考古學除了傳統的方法之外，還採用了透地雷達探測、遺跡和文物的三次元測量等數位技術。

在考古學中，透過這種詳細的觀察與記錄謹慎還原過去的工作，遠比一口氣顛覆一般說法的重大發現，要來得多更多。

在羅塞塔石碑上留名的法老

托勒密五世

Ptolemy V

西元前 210 年～西元前 180 年

再次統一國土，並頒布法令表揚自己

托勒密五世因父親托勒密四世突然去世，所以年幼便即位。此時，王室正面臨敘利亞的入侵和埃及原住民的叛亂。

托勒密五世與敘利亞修復關係並平息叛亂後，再次將國土統一，並頒布法令表揚法老的功績，還規定在全國各地的神殿中建立法老雕像與祠堂。

這項法令被刻在石碑上，其中一座石碑就是在1799年拿破崙遠征埃及期間所發現的羅塞塔石碑。

相同內容的法令，被人用三種不同的文字書寫在羅塞塔石碑上，由上而下依序是古埃及的文字聖書體、從西元前7世紀便開始使用的書寫體、希臘語，成為解讀聖書體的重要關鍵。

chapter 5

伊斯蘭時代

阿拉伯人攻來了！

七世紀，包括埃及在內的東地中海和東方世界發生了重大變化。伊斯蘭教的先知穆罕默德（Muhammed）宣傳他的信仰，建立了一個信徒團體，並以他的武力壓制其他人，統領了阿拉伯半島各地的阿拉伯部落。六三二年穆罕默德去世後，繼他之後的哈里發（繼任者）一聲令下，展開了一場大規模征服行動。

六三六年，阿拉伯軍隊在加利利湖東南方的雅爾穆克戰役之中，擊敗了拜占庭帝國皇帝希拉克略（Heraclius）所率領的軍隊，征服了敘利亞。其中一位指揮官阿姆魯・本・阿斯繼續將矛頭指向埃及。

阿姆魯的軍隊沿著巴勒斯坦的海岸前進，並於六三九年底入侵到埃及。隨後他又攻進現今位於開羅近郊的拜占庭帝國要塞巴比倫，歷經七個月的攻城戰後，終於攻下巴比倫。

阿拉伯人征服的地區（直到661年左右為止）

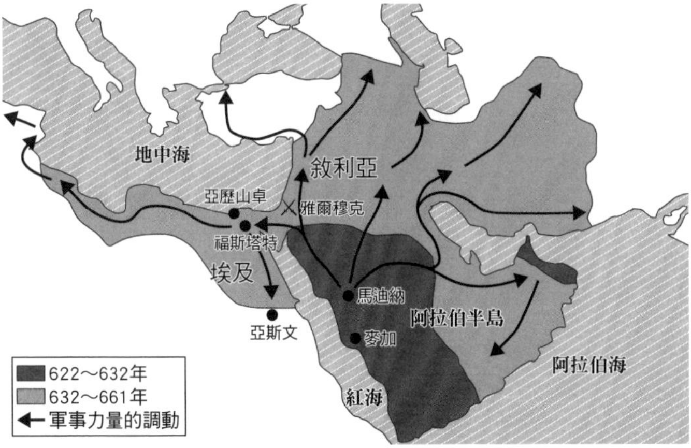

接下來，阿姆魯的軍隊進攻拜占庭帝國位於埃及的據點亞歷山卓。亞歷山卓的大主教兼總督居魯士（Cyrus）投降，並於六四二年簽署條約，雙方協議拜占庭軍隊從埃及撤軍。

阿姆魯在巴比倫攻城戰期間的露宿地點，建造了新首都福斯塔特（在阿拉伯語中意指帳篷）。後來阿拉伯軍隊駐屯於此，成為統治埃及的據點。並在新首都建造了非洲大陸最古老的清真寺（伊斯蘭教的禮拜堂）。它以阿姆魯的名字命名，稱作「阿姆魯清真寺」，還保存至今。

什麼是伊斯蘭教？

伊斯蘭教誕生於源自中東的猶太教和基督教的一神教系統。一神教的神，是創造人類和世界萬物的唯一存在，這和日本那種存在了很多各種性格的神明觀念有很大不同。

唯一的神，是萬物的創造者，賦予人類規則。祂會在來世拯救簽訂合約遵守規則的人類。

此外，記錄上帝賦予的規則的書稱為聖書，而被賦予規則並在神和人類之間進行調解的人稱作先知。

從伊斯蘭教的角度來看，猶太教和基督教都是從同一個唯一的神那裡得到了聖書，相當於前輩。摩西和耶穌等猶太教、基督教的重要人物，對伊斯蘭教而言也是先知，他們被授予的十誡和福音書都是聖書。

然而，伊斯蘭教徒認為之後在人為干預下，聖書已經背離了神的正確教導，所以神派遣穆罕默德作為最後的先知，並賜予他聖書《古蘭經》。

在伊斯蘭國家，基督徒和猶太教徒被視為「保護民（齊米）」，也就是他們要支付人頭稅（吉茲亞），以換取保護個人的信仰，與生命財產的安全能得到保障。

埃及行省

繼穆罕默德之後最初的四位哈里發被稱為「正統哈里發」，他們是從穆罕默德的直系弟子中，經信徒一致同意下選出的。

然而，穆罕默德的表弟也是他的女婿，第四代哈里發阿里（Ali）在位期間，卻爆發了內戰。

六六一年阿里遭暗殺後，由阿拉伯名門奧瑪亞家族

當時的日本

佛教於8世紀開始普及，為傳授嚴正戒律，請來了唐代高僧鑑真。鑑真在暴風及海盜影響下，五次渡海失敗導致雙眼失明，最終於754年抵達了日本，在奈良的東大寺等地指導了許多僧侶，並創建了唐招提寺。

正統哈里發

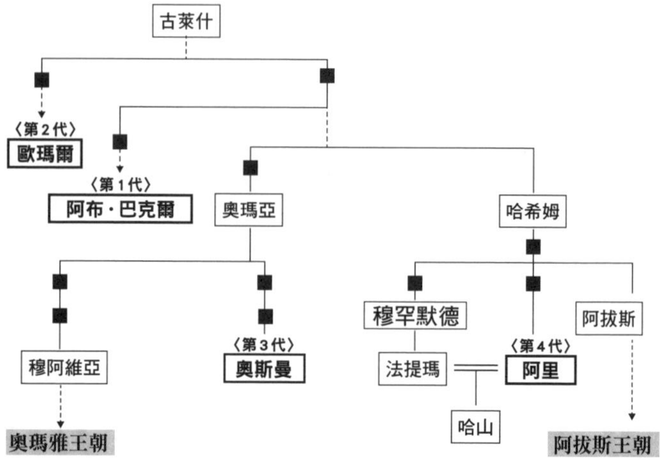

的穆阿維亞（Muawiyah）成為哈里發。此後，伍麥亞家族世代繼承哈里發之位。這就是所謂的奧瑪亞王朝。

奧瑪亞王朝統治時間長達八十年左右，但是祖先是先知穆罕默德的叔叔阿拔斯（Abbas）的阿拔斯家族，卻積極推翻奧瑪亞王朝。

七五〇年，奧瑪雅王朝滅亡，阿拔斯王朝成立之後，歷經五〇〇多年都是從阿拔斯家族選出哈里發。

從正統哈里發到奧瑪雅王朝、阿拔斯王朝時期，伊斯蘭國家的統治領域擴大，西至北非伊比利亞半島，東至印度河下游。

而埃及是龐大伊斯蘭國家的行省之一，由哈里發派遣的總督統治。埃及受惠於尼羅河擁有豐盛的小麥產量，稅收也十分可觀，被視為重要的資金來源。

阿拉伯化，接著伊斯蘭化

後來，埃及開始由阿拉伯人的伊斯蘭國家統治。然而，並不是所有的埃及人都立即變成了伊斯蘭教徒，或說起阿拉伯語。

當初，阿拉伯的統治者為了有效率地進行統治，保留了拜占庭帝國的統治體制。希臘人和埃及原住民的官僚繼續獲得延用，希臘語和科普特語也會在行政管理上被人使用。

科普特基督徒占多數的埃及人民，並沒有被迫改信伊斯蘭教。

但是在八世紀初，官方語言卻由希臘語和科普特語改為阿拉伯語，科普特語逐漸衰退。阿拉伯語取而代之成為日常語言逐漸滲透。而阿拉伯人移居到埃及這種情形，也加速了語言的變化。

到了九世紀，由於強迫齊米穿著特殊服裝、對科普特基督徒提高稅收等政策，據信也讓改信伊斯蘭教有了顯著進展。

圖倫王朝獨立

自九世紀中葉以後，阿拔斯王朝的政治陷入混亂，哈里發權力進一步弱化，使得中央集權體制出現破綻。

在遠離首都巴格達的偏遠行省，具影響力的人靠武力篡奪了總督的地位，並且得到了哈里發的認可。總督的地位由具影響力的家族繼承，因此建立了一個實質上的獨立王朝。

這個趨勢，也蔓延到了埃及。由土耳其人組成的哈里親衛隊其中一名成員艾哈邁德・本・圖倫，於八六八年以成為埃及總督的土耳其將軍代官身分，前赴埃及。

圖倫王朝的統治地區(868～905年)

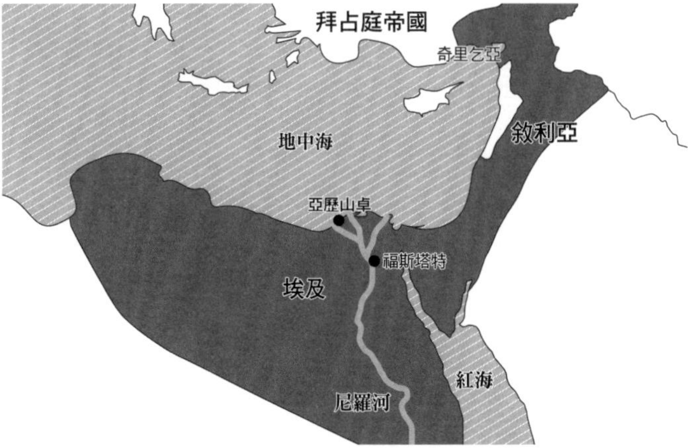

當時，巴格達中央政府一位具影響力的人被任命為埃及總督，但是他們卻派出代官，讓他負責總督的工作。

來到埃及赴任的艾哈邁德，將影響力逐漸擴張後掌握實權，建立了在伊斯蘭國家統治以來，第一個在埃及的獨立王朝。這就是圖倫王朝。

艾哈邁德還將他的勢力延伸到埃及以外的地方，甚至讓哈里發承認他在敘利亞及奇里乞亞地區的統治權。

八八四年艾哈邁德去世後，哈里發政權試圖收復埃及和敘利亞，派兵前往埃及，可是卻敗給了艾哈邁德的兒子胡馬賴韋。

此後，胡馬賴韋希透過向哈里發進貢，進而被允許擁有埃及、敘利亞及其周邊地區的控制權。

來自西方的威脅

進入十世紀後，在伊斯蘭世界裡，什葉派的政治勢力在各地增強，展開積極的傳教活動及叛亂。

所謂的什葉派，是一個主張第四代哈里發阿里的子孫應成為領袖的教派，他們的想法與占多數的遜尼派相互衝突。

遜尼派重視先知穆罕默德的慣常做法（聖行），在政治上認為從正統哈里發到阿拔斯王朝的歷代哈里發才是正統。相對來說，什葉派的立場卻是除了阿里之外，並不承認過去與當今現實中的哈里發。

什葉派在十世紀展開了反阿拔斯王朝的活動。其中的一個派系，於九〇九年在突尼斯建立政權。他們的領袖阿卜杜拉・馬赫迪，主張自己是阿里和穆罕默德的女兒所生下的直系子孫，並自稱為哈里發。這就是法提瑪王朝。

法提瑪王朝反抗阿拔斯王朝哈里發，並且企圖進軍東方，認為自己才是伊斯蘭世界的統治者。因此他們首先必須到手的地方，就是埃及。

在埃及方面，八九六年當胡馬賴韋去世後圖倫王朝隨即衰落，阿拔斯王朝於九〇五年再次收復統治權。然而，在法提瑪王朝的軍事壓力增強下，試圖透過任命來自圖倫王朝的軍人穆罕默德・本・突格傑為總督，藉此對抗這種局面。

九三五年，穆罕默德・本・突格傑擊退敗法提瑪王朝的軍隊，成功滿足了阿拔斯王朝哈里發的期望。由於這些功績，他被授予伊赫什德這個舊王侯的稱號，完全掌握了埃及的權力，並建立伊赫什德王朝。

伊赫什德王朝與圖倫王朝一樣進軍敘利亞，強化獨立政權的立場，但是在穆罕默德・本・突格傑死後，他的繼任者失去權力，由黑人宦官（遭去勢的男性官員）掌握實權，而逐漸衰落。

勝利者即開羅

九五三年於法提瑪王朝即位的第四代哈里發穆儀茲（Al-Mansur bi-Nasr Allah），將擴大領土設為目標。

西方在昭海爾（Jawhar）將軍的指揮下，整個馬格里布（北非）都在控制之中。另外穆儀茲還將昭海爾的軍隊派往東方，終於在九六九年征服了埃及。

昭海爾在福斯塔特北方約三公里處建造了一座新的城市，並命名為「al-Qāhirah」，在阿拉伯語中意指勝利者。而al-Qāhirah的英文發音，就是Cairo。此後將以「開羅」一名進行說明。

建於開羅的愛資哈爾清真寺裡，附設一所學院（伊斯蘭學校），並發展成什葉派的教學中心，也用來培養傳教士。法提瑪王朝的目的是要消滅阿拔斯王朝，成為伊斯蘭世界唯一的哈里發，並派遣傳教士到各地弘揚他們的主張。

九七三年，穆儀茲移居開羅，並將埃及作為王朝的根據地。

此後，法提瑪王朝不僅以埃及為據點，透過軍事力量擴張領土，還藉由傳教士的活動逐步增加在各地的支持勢力。

敘利亞南半部受到直接的控制，周邊的各個王朝也接受了法提瑪王朝哈里發，而不是阿拔斯王朝的權威。在伊斯蘭教的聖地麥加與馬迪納的統治者們，也都承認了法提瑪王朝哈里發的宗主權。

於是法提瑪王朝，才能在整個十世紀歌頌繁榮。

不斷向西

一〇三八年，以土耳其人部落集團為母體的塞爾柱王朝，在伊朗東北部的內沙布爾成立了。隨後塞爾柱王朝席捲整個伊朗並將領土擴張，於一〇五五年攻入巴格達城內。

塞爾柱王朝的創立者圖赫里勒・貝格（Tughril I），被阿拔斯王朝哈里發授予「蘇丹」的稱號，承認他擁有統治權。從此，「蘇丹」開始被用作伊斯蘭世界君主的稱號。

塞爾柱王朝以遜尼派的保護者自居，對於什葉派法提瑪王朝的敵對態度越發強烈，並將勢力擴大至伊拉克、敘利亞、安納托力亞。於是，法提瑪王朝後來便失去了在敘利亞的霸權。

十一世紀末，塞爾柱王朝第三任蘇丹馬立克沙一世（Malik-Shah I）去世後，塞爾柱王朝因為蘇丹王位的問題導致分裂，各地紛紛成立獨立政權。在這場混亂當中，十字軍從西歐來到。

十字軍來了

在塞爾柱王朝猛攻之下接連失去領土的拜占庭帝國，於一〇九五年向羅馬教宗烏爾巴諾二世（Urbanus II）請求援軍。

烏爾巴諾二世宣稱這是為了將基督教聖城耶路撒冷，從異教徒的伊斯蘭教徒手中解放的戰鬥，並號召諸侯加入十字軍。

歐洲各地的諸侯響應了這次的號召，率領軍隊前往東方，於一〇九六年在拜占庭帝國的首都——君士坦丁堡集結。

隨後在一〇九七年從陸路進入敘利亞，征服各地的

當時的日本

源氏的武將源義家，在後三年之役中一舉成名，成為東國武士的領袖。他作為國司的功績備受認可，白河天皇於1098年准許他進入御所殿內（上殿）。義家的子孫之一，開創鎌倉幕府的源賴朝就此登場。

4個十字軍國家

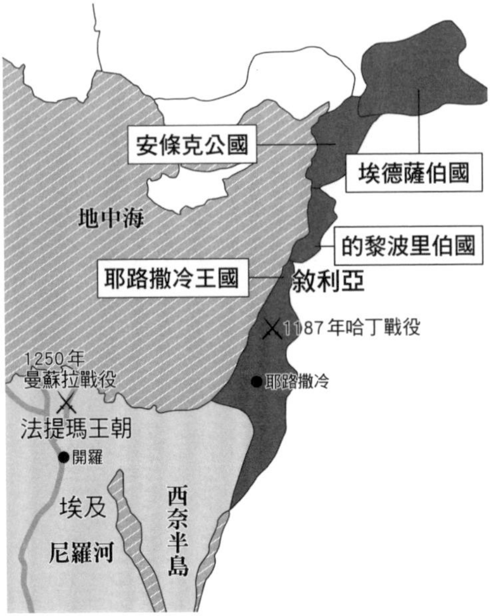

城市，並往南進攻，終於在一○九九年的七月攻佔了耶路撒冷。

這一連串征服活動的結果是，在敘利亞沿岸地區建立了四個十字軍國家，包含耶路撒冷王國、安條克公國、的黎波里伯國和埃德薩伯國。

這些十字軍國家，時而與各地的塞爾柱王朝派系地方獨立政權交戰，時而結盟，努力爭取各自的領土，不斷想辦法擴張勢力。

法提瑪王朝即使被塞爾柱王朝奪走敘利亞內陸地區的領土後，仍持有沿岸地區的好幾座海港城市。然而，這些領土也一個接著一個，遭熱那亞及威尼斯等義大利海上共和國所支持的十字軍給奪取了。

埃及落入何人手中？

塞爾柱王朝的將軍伊馬德丁・贊吉（Imad al-Din Zengi），於一一二七年在伊拉克北部的摩蘇爾掌握實權，創立了贊吉王朝。

隔年，他進攻敘利亞北部的中心城市阿勒坡，此後在敘利亞展開積極的軍事活動。他們以針對異教徒的吉哈德（聖戰）為口號，實際上不僅與十字軍國家作戰，也和伊斯蘭教徒的地方政權交戰，同時擴張領土。一一四四年，他消滅了十字軍國家之一的埃德薩伯國。

一一四六年贊吉意外身亡後，他的兒子努爾丁（Nur al-Din Zengi）繼承了父親的王位。他在一一五四年前平定了敘利亞各地其他的塞爾柱王朝派系政權，除了十字軍國家的領土之外，統一了整個敘利亞。

於是眼看著贊吉王朝的擴張，十字軍國家的盟主耶路撒冷王國，對埃及南部的法提瑪王朝愈來愈感興趣，尋找進軍的機會。

因為當贊吉王朝攻入埃及時，耶路撒冷王國就會被敵人從東方和南方包圍。

後來是贊吉王朝搶下先機，向埃及進軍。

一一六三年，在埃及政權爭奪戰中落敗的法提瑪王朝前宰相沙瓦（Shawar）逃亡至敘利亞。努爾丁趁此機會，派遣軍隊前往埃及以支援沙瓦。耶路撒冷王國也不甘示弱地出兵埃及，與贊吉王朝軍隊爭戰。

英雄薩拉丁

努爾丁派出的埃及遠征軍指揮官，是一位名叫謝爾庫赫（Shirkuh）的庫德族將軍。他和他的哥哥埃宥比（Ayyubid）都是來自伊拉克北部的提克里特，後來搬到摩蘇爾在努爾丁的父親贊吉手下當官。埃宥比的兒子，也就是謝爾庫赫的侄子薩拉丁（Saladin），至今仍被視為對抗十字軍的英雄，舉世聞名。

謝爾庫赫三度遠征埃及，和耶路撒冷王國軍隊，還有與之結盟的法提瑪王朝軍隊發動戰爭。隨後在一一六九年，謝爾庫赫終於攻進開羅城內。謝爾庫赫進入開羅後，自己成為法提瑪王朝的首相，變成了埃及實質上的統治者。

然而，謝爾庫赫在任僅僅兩個月便突然去世。繼他之後擔任宰相一職的人，是與謝爾庫赫一同加入埃及遠征軍的侄子薩拉丁。

薩拉丁成為首相後掌握了埃及的實權，成立埃宥比王朝。法提瑪王朝哈里發雖然沒有被人殺死，但是他並沒有干預政治，於一一七一年在宮殿深處悄悄地死去。

薩拉丁轉換了法提瑪王朝什葉派的政策，在埃及建立了遜尼派的國家體制。

他宣誓效忠阿拔斯王朝哈里發，並在開羅和福斯塔特設立了好幾所學院，用來教授

遜尼派的學問。

此外，他還在開羅和福斯塔特中間的穆卡塔姆山上，建造了一座名為「山地城堡」的王室城堡，作為新的統治據點。

此後，一直到現代為止，這裡都是埃及統治者居住的城堡。

薩拉丁的偉大勝利

薩拉丁在埃及的獨立態勢愈來愈堅定之後，他和主君努爾丁之間便出現了摩擦。然而就在兩人的衝突變得一觸即發之前，努爾丁於一一七四年去世，而且由他年紀尚輕且缺乏政治經驗的兒子繼承王位。

薩拉丁進軍因君主交替而陷入動亂的敘利亞，並逐漸併吞了贊吉王朝的領土。因此在一一八六年之前，薩拉丁便吞併了贊吉王朝的敘利亞領土，並且建立了一個橫跨埃及和敘利亞的強大勢力。隨後他待機而動，對十字軍國家發動攻勢。

一一八七年，薩拉丁在巴勒斯坦加利利海西方的哈丁戰役中，打敗了集結十字軍國家軍事力量的聯軍，大獲全勝。於是他便乘勝追擊收復耶路撒冷，並陸續征服了十字軍國家的領土。

薩拉丁在這之後，與為了奪回耶路撒冷而發動的第三次十字軍東征，展開了激烈交戰，最後在一一九二年與英格蘭國王理查一世（Richard I）簽署了停戰協定。隔年，他在敘利亞的大馬士革離世，彷彿完成了所有使命。

曼蘇拉要塞

薩拉丁死後，他的王國被包含他兒子在內的埃宥比家族瓜分。一面以埃及蘇丹為領袖，一面由敘利亞各地埃宥比家族的領主們統治並繼承自己的領土，採行了分權型體制。

埃及的統治權，最初是由薩拉丁的一個兒子繼承，但是最終卻是薩拉丁的弟弟阿迪勒一世（Al-Adil I）握有統治權，並得到了哈里發的承認。從此以後埃及的蘇丹，便由阿迪勒一世的子孫繼承。

另一方面在一二一三年，當時的羅馬教宗依諾增爵三世（Pope Innocent III）召集十字軍想奪回耶路撒冷，匈牙利國王、奧地利公爵、勃艮第公爵、巴伐利亞大公等歐洲各地的諸候都參與了這次徵召。

他們鎖定埃宥比王朝的根據地埃及展開進攻，並於一二一九年占領地中海沿岸的要衝達米埃塔。

當時，阿迪勒一世的兒子卡米勒（Al-Kamil）在埃及繼承了王位。卡米勒為了擊退十字軍而率軍北上，並在開羅北部一三〇公里的尼羅河流域建造了要塞。

一二二一年八月，面對想攻下要塞而布陣的十字軍，卡米勒提出了一項作戰計畫，就是在尼羅河的堤防上鑽洞造成淹水。全身泥濘的十字軍進退兩難，終於被迫撤退。

這次勝利過後，要塞開始被稱為曼蘇拉，在阿拉伯語中意指「勝利」。

曼蘇拉的攻防

一二四九年六月，法國國王路易九世（Louis IX）率領一支新的十字軍，再次占領了達米埃塔。當時的埃及蘇丹，是卡米勒的兒子薩利赫（as-Salih）。薩利赫也領軍前去迎擊十字軍，在曼蘇拉固定城池。

然而，此時埃及軍隊卻出現了重大危機。薩利赫於十一月病倒，成為回不了家的人。薩利赫唯一的兒子，也是繼任者候選人的突蘭沙（Al-Muazzam Turanshah），當時到伊拉克北部一座要塞赴任城守，花了好幾個星期才返回埃及。所以埃及軍隊必須在沒有君主的狀態下，與敵軍對峙。

在如此危急的局面下，王后舍哲爾・杜爾（Shajar al-Durr）積極舉兵出戰。舍哲爾・杜爾在阿拉伯語中的意思是「珍珠樹」。她原本是巴格達阿拔斯王朝哈里發賜給薩利赫的土耳其女奴隸，但是在她生下薩利赫的孩子後便擺脫了奴隸身分，成為了王后。

他們之間所生的孩子早逝，不過薩利赫依舊讓舍哲爾作為他的王后十分寵愛，甚至在這種時候還把她帶到了與十字軍交戰的最前線。

除了極少數人知道以外，舍哲爾隱瞞了丈夫的死訊，並繼續以薩利赫的名義發布命令。在這期間她為了火速將突蘭沙召回埃及，派遣了密使前去找他。

然而，這個祕密卻遭人洩漏。一二五〇年二月，薩利赫去世的消息傳入十字軍耳中，於是他們在夜色掩護下渡過尼羅河，對曼蘇拉的埃及軍隊發動突襲。

遭人趁虛而入的埃及軍隊陷入混亂，總司令也在沐浴時遭人襲擊而戰死了。

馬木路克軍團大顯身手

在窮途末路的危急關頭下，薩利赫的親衛隊馬木路克軍團大顯身手。馬木路克就是奴隸兵，也就是為了當兵才集結起來的一群奴隸。

從九世紀開始，包括阿拔斯王朝哈里發在內，各地伊斯蘭政權的君主及貴族們，都會組織馬木路克軍團作為軍隊的支柱。

能夠加入馬木路克的人，都是在歐亞大陸中部草原地區過著遊牧生活，騎馬技術優異，還擅長射箭的土耳其人。

伊斯蘭世界的君主們，買下資質很高的年輕土耳其人為奴來作為騎兵，並讓他們改信伊斯蘭教。而且多年來不僅讓他們接受阿拉伯語教育及軍事訓練，還讓他們擺脫奴隸身分，並編入軍隊。

薩利赫很早以前，就一直在努力擴充馬木路克軍團。就是這支馬木路克軍團向攻入曼蘇拉的十字軍發動反攻，後來成功擊退了十字軍。

埃及軍隊還追擊試圖撤退到達米埃塔的十字軍，並俘虜了他們的總司令路易九世。

馬木路克軍團的大顯身手，為屢戰屢敗

的埃及軍隊帶來了起死回生的巨大勝利。

前所未聞的女蘇丹

曼蘇拉戰役結束後不久，突蘭沙立即抵達埃及軍隊的所在地，並在此即位成為蘇丹。然而，他卻對帶來勝利的主角馬木路克軍團及舍哲爾・杜爾表現得十分冷淡，並優待自己帶來的家臣。

感到憤怒的馬木路克軍團，於一二五〇年五月向突蘭沙發動政變，並將他殺死。隨後他們擁立舍哲爾・杜爾成為蘇丹。前所未聞的女蘇丹就此登場。後來在埃及誕生了一個新政權，也就是馬木路克王朝。

然而，敘利亞各地埃宥比家族的諸侯並不承認馬木路克王朝的政府，計畫進攻埃及。巴格達的阿拔斯王朝哈里發，也對女性即位成為蘇丹表示不滿。

因此，馬木路克王朝重新選出曾經支持舍哲爾・杜爾的軍事指揮官艾伊拜克（Aibak）為蘇丹。後來艾伊拜克與舍哲爾結婚，並主張他作為蘇丹的正當性。

隨後在一二五一年，他擊退了攻入埃及的埃宥比家族的諸候聯軍，確定了他在埃及的統治權。

在馬木路克王朝，是由馬木路克負責軍隊的核心工作，具影響力的人會在這當中占據要職，左右王朝。

從十三世紀到十四世紀這段時間，主要是黑海北部沿岸欽察草原的土耳其裔欽察人，從十四世紀後半葉以後，則是黑海東部沿岸高加索地區的切爾克西亞人，被帶來埃及當奴隸，後來成為了馬木路克。

經過大約二七〇年的馬木路克王朝時期，有四十九人成為蘇丹，其中有二十三人是當過奴隸的馬木路克。剩下的二十六人絕大多數都是這些人的兒子或孫子，在他們統治的大部分時間裡，都是由馬木路克的將軍們掌握實權。

當時的日本

僧侶日蓮在比叡山延曆寺修行後，於1253年獨自首創日蓮宗，著有《立正安國論》，主張以《法華經》的理念管理國家。由於他嚴厲批判幕府及其他宗派，因此被視為危險人物，遭人流放至伊豆和佐渡。

蒙古逼近

一二〇六年，成吉思汗（Genghis Khan）統一蒙古高原後，他接著進軍中國北部和中亞，迅速擴張勢力。

這個蒙古帝國，是在第四任大汗蒙哥（Möngke Khan）的時期，開始正式入侵伊斯蘭世界的中心地區西亞。一二五四年，蒙古軍隊以蒙哥的弟弟忽必烈（Kublai Khan）作為統帥，一下子就壓制了中亞至伊朗高原。而且忽必烈還率軍西進，於一二五八年征服並摧毀了巴格達，殘殺哈里發，最後將阿拔斯王朝消滅。

雖說實際上的政治權力已經喪失，但是作為整個伊斯蘭世界領袖掌握主權的阿拔斯王朝滅亡了，還是給各地的伊斯蘭教徒帶來了極大的衝擊與恐慌。伊拉克、敘利亞及安納托力亞的地方政權全都臣服於忽必烈，並且投奔到他的旗下。

忽必烈率領的蒙古軍隊，一直不停地進攻。一二六〇年一月，軍隊渡過幼發拉底河，征服了敘利亞北部的要衝阿勒坡，並路經敘利亞南部朝著埃及入侵。

擊退蒙古

這時在埃及，艾伊拜克已經去世，曾是他馬木路克一員的忽禿思（Qutuz）成為了蘇丹。忽都思斬殺了勸他投降的蒙古使者，叱咤並激勵膽戰心驚的軍隊，他認為必須迎擊蒙古軍隊，而朝著敘利亞進軍。

在這段期間，埃及軍隊好運降臨了。蒙古大汗蒙哥於一二五九年去世，為了選出繼任者，忽必烈便率領大部分的軍隊返回了東方。留在敘利亞的蒙古軍隊，後來仍繼續征服大馬士革，四處破壞，不過人數已經大幅減少了。

一二六〇年九月三日，兩軍在加利利海附近的阿音札魯特發生激烈衝突。一番激戰過後，埃及軍隊將蒙古軍隊擊敗。蒙古軍隊有許多人曝屍在戰場上，統帥也被殺死，他的頭顱遭人曝晒在開羅的城門上。於是蒙古軍隊便從敘利亞這片土地上被一掃而空了。

過去有許多埃及的馬木路克，從奴隸崛起成為統治者後，一直讓人覺得不可靠，後來他們成為了擊退蒙古威脅的聖戰士，備受喝采。

風雲人物拜巴爾一世

阿音札魯特戰役獲勝後，忽禿思在返回埃及途中遭人暗殺了。主謀是忽禿思的競爭對手，馬木路克的將軍拜巴爾一世（Baybars）。拜巴爾一世得到軍隊的支持，後來成為了蘇丹。

雖說在阿音札魯特戰役中取得了勝利，但是蒙古的威脅仍然持續著。蒙古帝國內部因為蒙哥繼任者的問題出現紛爭，忽必烈於是保持距離，後來征服了伊朗自行獨立。這就是伊兒汗國。

伊兒汗國繼續虎視眈眈地瞄準敘利亞和埃及，並計畫與十字軍聯手，夾擊馬木路克王朝。

拜巴爾一世成為蘇丹之後，親自率領軍隊如字面所示東奔西走。他在東方擊退了伊兒汗國軍隊的屢次入侵，並在西方陸續征服了十字軍國家的領土。

拜巴爾一世也把精力集中在內政。他聘請阿拔斯王朝哈里發的後裔來到開羅，並推舉為新任哈里發，在國內外宣示馬木路克王朝身為哈里發保護者的正當性。此外，由於阿音札魯特戰役的勝利，敘利亞成為了馬木路克王朝的領土，進而鞏固了敘利亞的統治體制，整頓了王朝的各項制度。

拜巴爾一世於一二七七年，在安納托力亞擊敗了伊兒汗國軍隊。雖然他返回敘利亞後不久就突然去世，但是由他奠定下基礎的馬木路克王朝，在往後的二四〇年裡，皆以伊斯蘭世界的霸主之姿主宰一切。

開羅的繁榮

馬木路克王朝時期，埃及作為連結地中海世界和印度洋世界的國際貿易中繼站而蓬勃發展。尤其是在印度西部沿海地區及東南亞收成的胡椒等香料，更是在歐洲人人想要，並以高價進行交易。

利用印度洋季風透過海路運送而來的物產，經由紅海集結於埃及。歐洲商人，都會前來亞歷山卓採購這些物產。

首都開羅，向法提瑪王朝當初建造的城牆外大幅擴張。此時，據說開羅的人口高達十五萬至二十萬人。這個規模遠遠超越了同時期的巴黎（八萬人）和倫敦（六萬人）。

開羅市中心，商隊驛站櫛比鱗次，讓來自遠方的商人留宿及銷售商品，按產品區分開來的傳統市場集中在一起，成為一大商業中心而繁榮昌盛。

此外，蘇丹和馬木路克的高官所設立的學院及修道場並排在城牆內外，來自依斯蘭世界各地的學者與學生都聚集於此，甚至發展成一座學術城市。

伊斯蘭的學問、思想、文化、藝術，也以開羅為中心而蓬勃發展，科普特基督徒改信伊斯蘭教也取得了進展。據說就是在十四世紀時，埃及科普特基督徒的比例，與現在的人口比率相同，下降到百分之十左右。

人口因鼠疫銳減

然而在十四世紀中葉以後，馬木路克王朝因政治動盪及天災，而逐漸衰退。尤其是從一三四八年到隔年這段時間，埃及遇上鼠疫大流行，造成三分之一的人口死亡。

此後鼠疫仍然定期爆發，而且每次都對埃及城市及農村造成了重大損害。在開羅熟練的工匠人數大幅減少，導致手工業停滯，在農村地區則是人力不足而無法維持灌溉設施，耕作地縮小且生產力下降。

經濟衰退後造成稅收短缺，因而延遲支付薪水給馬木路克。馬木路克軍團經常發生暴動，政局也變得不穩定。

整個十五世紀，馬木路克王朝在這種經濟衰退的情況下，雖然千辛萬苦仍盡力維持體制，並努力重整財政。

來自南北的壓力

進入十五世紀後半葉後，圍繞馬木路克王朝的國際情勢日益嚴峻。鄂圖曼帝國在北方將勢力延伸到安納托力亞和巴爾幹半島，並於一四五三年征服拜占庭帝國的首都君士坦丁堡。

隨著鄂圖曼帝國勢力的擴張，過去從屬於馬木路克王朝，從敘利亞北部到安納托力亞東南部的土耳其裔地方政權面臨存亡危機。馬木路克王朝和鄂圖曼帝國，因為這片土地的霸權問題，展開了激烈的爭鬥。

在埃及的南部，葡萄牙於一四九八年開闢了一條繞過非洲大陸南端通往印度洋的航道，計畫直接獲取印度洋的豐富物產。這個時代正式迎來了大航海時代。

葡萄牙在印度設置據點，直接加入印度洋貿易。

此外葡萄牙還攻擊往來印度洋的伊斯蘭教徒商船，並試圖入侵紅海，想要取代過去一直是國際貿易中繼站的埃及。

來自國際貿易的收入，對於面臨財政困難的馬木路克王朝是救命稻草，葡萄牙的動向攸關生死存亡。馬木路克王朝建造了軍艦並派往印度洋，試圖驅逐葡萄牙艦隊，最後卻失敗了。

新舊貿易路線

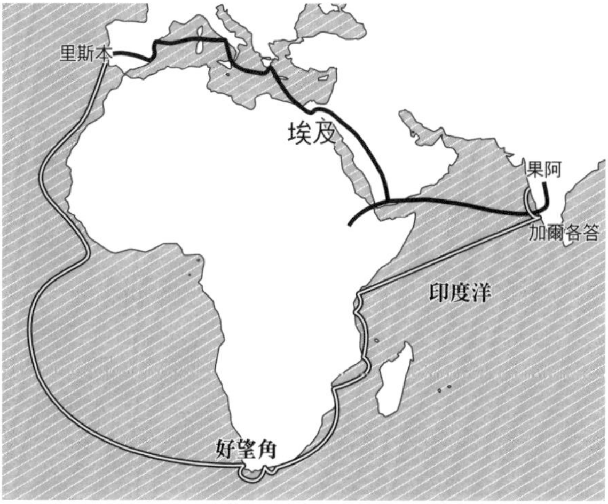

在這段時期，無論是陸戰或海戰，大炮及步槍等火器的功用變得非常重要。所身為騎兵練就出技能的馬木路克，逐漸在戰場上失去優勢。

即便引進了火器，但是除了火藥的原料硝石及硫，還需要用來製作炮管的錫等材料，可是埃及幾乎沒有生產。必要的物質及技術人員全都得依賴外國，財政於是變得愈來愈困難。

馬木路克王朝終於滅亡

一五一六年，鄂圖曼帝國蘇丹

塞利姆一世（Selim I）率大軍向南進軍敘利亞。馬木路克王朝蘇丹葛里（Al-Ashraf Qansuh al-Ghuri）認為也該予以迎擊，後來便出征至阿勒坡。

同年八月，兩軍在阿勒坡北方約三十公里的達比克草原發生激烈衝突。馬木路克王朝軍隊被殲滅，部分原因是率領軍隊的阿勒坡總督叛變，葛里自己也戰死了。鄂圖曼軍隊征服敘利亞後隨即進一步南下，進軍埃及。在埃及由葛里的侄子圖曼貝伊二世（Tuman Bay II）成為蘇丹，試圖做最後的抵抗。

一五一七年一月，圖曼貝伊二世在開羅郊外的里達尼亞迎擊鄂圖曼軍隊。可是馬木路克王朝軍隊並沒有奮力拚戰，最後失敗了。圖曼貝伊二世逃離後仍繼續抵抗，最終仍被捕獲，並在開羅城門口被處以絞刑。於是馬木路克王朝就此滅亡，埃及落入了鄂圖曼帝國的控制之下。

鄂圖曼帝國的統治

埃及被征服後，成為一個行省由鄂圖曼帝國統治。除了軍人的總督之外，財務大臣及司法大臣等主要官吏都是從鄂圖曼帝國派遣而來。他們是與埃及沒有任何關聯的外來者，經過短短幾年的任期後就會離開。

先前一直統治埃及的馬木路克，最初雖然受到迫害，但是後來得到寬恕，並被迫編入鄂圖曼軍隊。他們協助帝國統治埃及，並擔任農村地區的地方長官等職務。而且和從前一樣，他們繼續購買馬木路克，並訓練成士兵。

進入十七世紀後，馬木路克再次站上埃及政治舞台的中心。馬木路克擔任高級軍官的職務，被稱作貝伊（Bey），在埃及省政府中擔任要職。另一方面，從鄂圖曼帝國派遣而來的省總督則失去了實權。

埃及的料理

主食包括麵包、米飯和義大利麵

埃及料理會使用尼羅河流域栽培的小麥、米、茄子、小黃瓜、橄欖、洋蔥、大蒜、豆類和番茄等食材。

日常餐桌上會出現的，是一種中間空心的圓形扁平麵包，稱作皮塔餅。會將其分成兩半，塞入炸蠶豆餅及蔬菜等配料食用。

除了麵包之外也常吃米飯，可稱作國民美食的庫莎麗，是一道將米飯和鷹嘴豆或小扁豆一同煮熟後，與炒熟的意大利麵混合在一起，並淋上番茄醬的料理。

肉類料理以雞肉、牛肉和羊肉為主。埃及也有土耳其料理中十分著名的烤肉卡巴，將肉像丸子一樣製成棒狀燒烤而成的科夫塔也是常見菜色。面向地中海的三角洲地區海鮮十分豐富，餐桌上都會出現燒烤或油炸後的魚和蝦。

埃及餐桌上的料理

說到埃及特有的食材，最有名的應該是顏色呈現黃綠色的蔬菜——埃及國王菜。料理時，大多會將葉片切碎，然後與大蒜等食材燉煮至黏稠，作為一道湯品。

還有一種專門用來切碎埃及國王菜的菜刀，特色是握刀的部分設置在底部及尖端兩側。烤乳鴿也是廣為人知，不過現在是很少有機會在平時享用的高級食材。

此外，埃及的代表性飲料是紅茶，一般會添加大量砂糖後飲用。

耐人尋味的埃及偉人⑤

詳細記錄中世紀的歷史學家

馬克里齊

المقريزي(Al-Maqrizi)

1364 ～ 1442 年

關注社會及經濟問題

活躍於馬木路克王朝的馬克里齊，是中世紀具代表性的歷史學家。

他年輕時曾接受來自突尼斯的著名學者伊本・赫勒敦（Ibn Khaldun）的指導，並擔任過政府的公文書管理員、管理開羅市場的長官等職務。他自1407 年起住在敘利亞的大馬士革，並在幾所學院任教。他在1417 年回到埃及，此後便辭去公職，在開羅專心地研究歷史。

他不僅記錄王室的興衰及戰亂，也記載埃及的自然環境、非伊斯蘭教徒的動向、各時代的經濟變化，留下了《埃及地方誌》、《諸王朝歷史之旅》等著作。

在他的著作中，表現出針對社會和經濟問題的尖銳見解，反映了他一直在監督眾多商人出入的開羅市場。

chapter 6

穆罕默德・阿里帕夏王朝的近代時期

法國突然攻進來了！

一七九八年七月，拿破崙（Napoleon）率領的法國軍隊突然登陸埃及。當時法國與英國因為世界霸權的問題而相持不下。因此法國試圖封鎖通往英國殖民地印度的航線。

據說善於掌握人心的拿破崙，曾經在金字塔前發表演說：「四〇〇〇年的歷史正在瞧不起你們」，藉此鼓舞他的士兵。

法國軍隊陸續擊敗馬木路克的軍隊，在七月中時占領了亞歷山卓和開羅。針對此事，英國則是由海軍提督納爾遜（Nelson）率領艦隊加以對抗，法國軍隊、英國軍隊及鄂圖曼帝國軍隊便在尼羅河口一帶持續交戰。

在這段期間，法國軍隊的士兵於一七九九年八月，在亞歷山卓近郊的城鎮羅塞

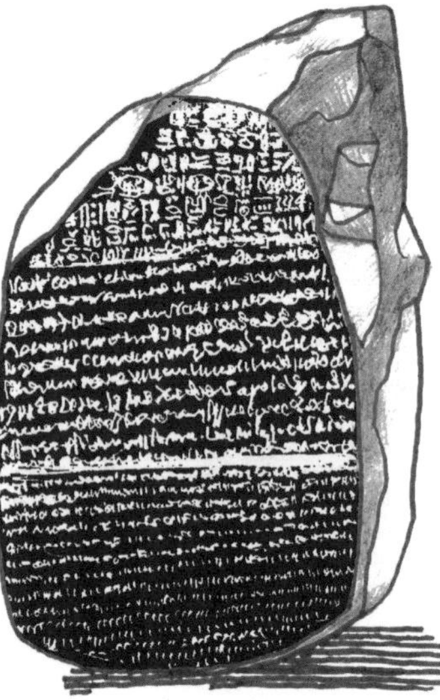

塔（拉希德）發現了一座石碑。在高約一一四公分、寬約七十二公分的黑色花崗石上，上層刻有古埃及的聖書體（Egyptian hieroglyphs），中間刻有世俗體（Demotic），下層則刻有希臘字母。這座石碑被稱為羅塞塔石碑。

英法撤兵後的混亂

鄂圖曼帝國與英國的步調一致，於一八〇一年三月派遣軍隊將法國趕出埃及。當時的鄂圖曼帝國統治包括希臘在內的巴爾幹半島，動員了當地大量的伊斯蘭教徒。

這支派遣軍隊的指揮官，是穆罕默德・阿里帕夏（Muhammad Ali of Egypt）這號人物。他來自現在希臘東北部一座名為卡瓦拉的港口城市，他的父親是負責維持治安的低級軍官。穆罕默德・阿里帕夏曾是阿爾巴尼亞部隊的副司令，他在對抗法國軍隊的戰爭中大顯身手，當司令官戰死後隨即晉升接替司令官一職。

十月，法國軍隊在穆罕默德・阿里帕夏率領的鄂圖曼帝國軍隊和英國軍隊的反擊下，從埃及撤退。兩年後，英國軍隊也撤走了。

此後，穆罕默德・阿里帕夏等人的派遣軍，與埃及前統治階級的馬木路克，再加上鄂圖曼帝國的總督，為了埃及的統治權問題而展開了三路混戰。穆罕默德・阿里帕夏禁止他旗下的士兵掠奪，並致力維護治安，贏得了人民的支持。

穆罕默德・阿里帕夏成為統治者

一八〇五年五月，開羅的人民反對鄂圖曼帝國派來的新總督，並引發暴動。他們要求由穆罕默德・阿里帕夏擔任總督。穆罕默德・阿里帕夏接受了這個要求，並自行成為了埃及總督。

鄂圖曼帝國勉強接受了這一點，後來便由穆罕默德・阿里帕夏成為埃及實質上的統治者。

一部分的馬木路克並不認同穆罕默德・阿里帕夏，後來便與英國聯手。

一八〇七年四月，英國軍隊登陸埃及後，穆罕默德・阿里帕夏在羅塞塔近郊的哈米德狠狠擊敗了英國軍隊。

那之後英國便從埃及撤軍，法國與各國聯軍（反法同盟）仍在歐洲持續爭戰。鄂圖曼帝國的皇帝塞利姆三世（Selim III）想要改革軍事和政治，與反抗的官僚及士兵陷入政治鬥爭，而無暇干預埃及。

逐漸擁有權力的穆罕默德・阿里帕夏，於一八一一年三月以軍事任命儀式為藉口，將大約五〇〇人的馬木路克聚集到王室城堡中加以屠殺，鞏固了自己的統治。

富國強兵及現代化政策

穆罕默德・阿里帕夏高度肯定拿破崙，認為應該仿效他的政策，於是從法國邀請了許多技術人員及軍事教官。為了學習歐洲的知識，他也派出了留學生。

他除了在尼羅河周邊實施灌溉工程之外，還在全國境內測量農地並推廣棉花種植，更建設了紡織產品的工廠。造船廠及印刷廠也接連建成。

穆罕默德・阿里帕夏改革了由將軍各自率領軍隊的軍事制度。他設立軍官學校來教育士兵，學習紀律與最新的戰術，並組織了統一的國家軍隊。

許多曾為管理階層的土耳其裔、切爾克斯裔、阿爾巴尼亞裔的人，過去一直是軍隊的核心，但是後來在一八二二年導入徵兵制度，並採用阿拉伯裔的農民作為士兵。

大約在這個時候，阿拉伯半島上以沙烏地王朝（後來的沙烏地阿拉伯王室）為中心的勢力，不斷在反抗鄂圖曼帝國的統治。穆罕默德・阿里帕夏接受鄂圖曼帝國

政府的請求，討伐這股勢力。此外，從一八二〇年起還派遣軍隊征服南方的蘇丹，並擴張了領土。

穆罕默德・阿里帕夏王朝的領土

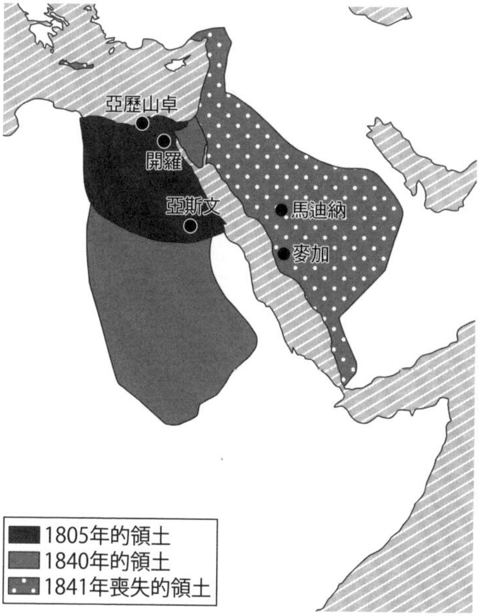

占領敘利亞

一八二一年三月，意圖擺脫鄂圖曼帝國尋求獨立的希臘人，在巴爾幹半島起義（希臘獨立戰爭）。在鄂圖曼帝國政府的請求下，被派往希臘的埃及軍隊，於一八二六年六月占領雅典，並且幾乎壓制了希臘人。

然而，英國、法國和俄

羅斯卻開始支援同樣是基督徒的希臘人。

一八二七年，鄂圖曼帝國與埃及的艦隊，於納瓦里諾海戰中在三個國家的聯合艦隊面前慘敗。兩年後，希臘獨立戰爭因為鄂圖曼帝國的敗北而落幕，一八三〇年希臘獨立獲得了國際上的承認。

事實上在出兵希臘之前，鄂圖曼帝國政府便曾答應要授予穆罕默德・阿里帕夏敘利亞的控制權。

然而，由於希臘獨立了，所以穆罕默德・阿里帕夏只得到了地中海的克里特島。付出許多犧牲的穆罕默德・阿里帕夏無法接受，便讓兒子易卜拉欣（Ibrahim Pasha）作為指揮官的軍隊進入敘利亞。於是，在一八三一年十一月爆發了第一次土埃戰爭。

埃及軍隊接連擊敗鄂圖曼帝國軍隊後占領了敘利亞各地，驚慌失措的鄂圖曼帝國向俄羅斯請求支援。然而，害怕俄羅斯在中東擴大影響力的英國和法國出手干涉，進行了停戰談判。

一八三三年三月簽署了《屈塔希亞協定》，除了克里特島等地之外，埃及還被允許統治敘利亞。

來自歐洲的干預

易卜拉欣對敘利亞的統治，在當地居民抵抗下進行的並不順利。

一八三九年，鄂圖曼帝國企圖奪回敘利亞而派出軍隊，第二次土埃戰爭就此展開。戰爭再次由埃及軍隊取得優勢的情況下推進，但是英國對日益強大的埃及充滿警戒，轉而與俄羅斯、奧地利和普魯士一起支援鄂圖曼帝國。

這四個國家，於一八四〇年七月締結了《倫敦條約》（四國公約），要求埃及應放棄他們占領的土地，包

當時的日本

19 世紀後，歐洲國家的軍艦開始接近日本近海。雖然江戶幕府的方針是驅逐外國船隻，但因清朝在鴉片戰爭中慘敗便於1842年改變政策，並制定了「薪水給與令」，提供外船隻飲用水及燃料以便他們離開。

含敘利亞在內。

當穆罕默德・阿里帕夏拒絕這項要求之後，英國與奧地利便派遣軍隊到敘利亞，情勢突然轉變成埃及軍隊處於劣勢。

穆罕默德・阿里帕夏期望法國的援助，但是害怕與英國正面衝突的法國並沒有採取行動。

一八四〇年十一月，穆罕默德・阿里帕夏無可奈何接受條約。埃及被迫放棄除了蘇丹以外的占領地，而且還必須大幅削減埃及軍隊的兵力，使穆罕默德・阿里帕夏擴張領土的野心落空。

然而，穆罕默德・阿里帕夏家族在鄂圖曼帝國的宗主權下，後來被允許世襲埃及總督。

現代化政策及其影響

話說回來，穆罕默德・阿里帕夏的產業政策，發生了什麼樣的變化呢？

由於棉花種植和紡織產品的出口增加了，估計埃及的財政收入從一七九八年至一八三三年為止的這段期間，實際上增加了高達十五倍以上。透過灌溉工程確保了農業用水，農業也蓬勃發展。一八二〇年前半期的埃及人口約為二五一萬人，但是據說到一八四〇年代後半期，已經增加到四四六萬人。

然而由於一八四〇年的戰敗，埃及也被迫接受鄂圖曼帝國與英國簽訂的不平等條約。在這項條約中，就有壓低進口品關稅的條款，在歐洲生產的高品質工業產品便以便宜的價格大量流入埃及。

埃及好不容易開始生產的國產製品無法競爭，國營工廠陸續倒閉，埃及的工業化嘗試後來便以失敗告終。

穆罕默德・阿里帕夏不僅發展產業，還引入現代教育等等，試圖藉此向人民們灌輸一種超越過去伊斯蘭教徒及科普特基督徒這類框架的「埃及國民」意識。

當時在歐洲，由於法國大革命的關係，各自提倡人民團結的民族主義蔓延開來。埃及的人民也受此影響，開始逐漸共有一種「我們是埃及人」的感覺，試圖擺脫以前屬於鄂圖曼帝國一部分的處境。

繼任者的政策

一八四八年四月，穆罕默德・阿里帕夏將總督職位交給了他的兒子易卜拉欣。然而易卜拉欣卻突然因病去世，同年十一月穆罕默德・阿里帕夏的侄子阿拔斯一世（Abbas I）成為下一任總督。穆罕默德・阿里帕夏於隔年去世，享年八十歲。

對西方文化十分反感的阿拔斯一世，將來自法國的技術人員及軍事教官驅逐出境，導致埃及的現代化陷入停滯。然而，唯有鐵路另當別論，亞歷山卓的鐵路工程在英國的協助下順利進行。

一八五三年十月，意圖在巴爾幹半島和及黑海周邊擴張勢力俄羅斯，與鄂圖曼帝國之間爆發克里米亞戰爭。阿拔斯一世派遣軍隊援助宗主國的鄂圖曼帝國。擔心俄羅斯日益強大的英國和法國，也成為鄂圖曼帝國的盟友加入戰爭。

一八五四年七月鄂圖曼帝國處於優勢，阿拔斯一世在王宮內遭人謀殺。完全改變穆罕默德・阿里帕夏政策的阿拔斯一世，過去在私生活方面也是多次對女官施予暴力行為，因而惡評不斷。雖然官方宣布他是腦中風，不過事情的真相並不清楚。

此後，穆罕默德・阿里帕夏的第五子賽義德（Said）成為新總督。

塞伊德轉換方針接受西方文化，並強化與法國的友好關係，透過鐵路網和電報機擴大了通信網路。

此外，還在一八五八年設立了現在埃及博物館的前身。

蘇伊士運河的建設

塞伊德竭盡全力於伊士運河的開鑿。

因為只要船隻能通行於位在地中海與紅海之間的蘇伊士地峽，相較以往繞過非洲大陸的航線，從歐洲到亞洲的距離將大幅的縮短。

為了大大減少航行所需的費用及天數，運河計畫過去曾多次嘗試。拿破崙也在占領埃及時，測量了蘇伊士地峽。

被派駐開羅擔任法國領事的雷賽布（Ferdinand de Lesseps），與賽義德交情深厚，後來兩人同意開通蘇伊士運河。由雷賽布創立蘇伊士運河公司，埃及持有這家公司發行的百分之四十四左右的股份。隨後在一八五九年四月，展開開鑿工程。

英國認為，如果法國開通運河後將威脅到殖民地印度和英國本身的貿易網絡，後來便煽動鄂圖曼帝國政府阻止工程。但是，在雷賽布的努力之下，一八六六年三月得到了鄂圖曼帝國正式准許開鑿運河。

賽義德在工程上花費了龐大資金。而且許多被免費動員的工人也表示不滿，賽義德最後因為操勞，並沒有看到運河竣工便在一八六三年一月去世了。埃及總督的地位，就由他的侄子伊斯梅爾（Ismail）繼任。

當時的日本

1862年，江戶幕府為了外交談判，派遣竹內保德、福澤諭吉等人組成的文久遣歐使節團前往歐洲。一行人曾在埃及落腳，參觀了正在興建中的蘇伊士運河。兩年後還在獅身人面像拍了紀念照。

一八六九年十一月，全長一六四公里的大運河終於完工。開通典禮成為國際上的一大盛事，來自歐洲各地的王室貴族及文化人士都列席了。義大利作曲家朱塞佩・威爾第（Giuseppe Verdi）以埃及為舞台的歌劇《阿依達》，就是由伊斯梅爾委託作曲用來慶祝蘇伊士運河開通。

此外，建設在運河北端的港口，被命名為「賽德港」。

伊斯梅爾的榮光

由於埃及是向歐洲各國借錢建設蘇伊士運河，因此陷入了財政困境。然而，

一八六一年四月美國爆發南北戰爭，風向改變。後來棉花不再從美國進口，因此歐洲國家開始向埃及尋求棉花。

隨著出口量大增後貿易收入增加，伊斯梅爾便積極建造工廠及學校，還加強軍艦力量等等。首都開羅也進行大改造，以巴黎為藍本，建造了一座具備下水道、煤氣燈及大型公園的現代化新市鎮。

在政治方面，則建造了西式風格的王宮阿布丁宮，政治據點從薩拉丁以來的「山地城堡」遷至此處。一八六六年也新設了議會。

此外，伊斯梅爾還向鄂圖曼帝國蘇丹及政府高官捐獻大量金錢，並於一八六七年六月得到了赫迪夫（Khedive）的頭銜。該頭銜高於總督，相當於鄂圖曼帝國的大宰相。隨著蘇伊士運河的竣工還有晉升為赫迪夫，伊斯梅爾達到了榮耀的顛峰。

隨後垮台

原本順利發展的埃及經濟，隨著一八六五年美國南北戰爭的結束，而步上下跌趨勢。棉花出口量減少，收入銳減。政府的外債自一八六四年以來的十年左右期間，膨脹了四倍以上。一八七五年十一月，埃及為了償還債務，將蘇伊士運河公司的股份賣給了英國。英國成為最大股東，成功掌握了經營權。

儘管如此埃及的財政並沒有改善，由於歐洲各國不再投資埃及開發計畫，埃及終於在一八七六年四月經濟崩潰了。

埃及因為欠債問題，不得不聽從其他國家的要求，後來英國和法國的政治家被送進埃及政府裡。新組成的內閣，由歐洲人擔任閣員，斷然實行削減公務員及軍人的薪資，並大幅增稅，因此人民之間瀰漫著極大的不滿。

遭到王室嚴厲譴責的伊斯梅爾，試圖解任來自歐洲的閣員。因此英國和法國強迫他退位，也開始煽動鄂圖曼帝國。一八七九年六月，伊斯梅爾遭人剝奪赫迪夫的地位，並流亡至義大利。終生，他都沒有再返回埃及。

耐人尋味的埃及偉人⑥

深受阿拉伯國家喜愛的天后

烏姆・庫勒蘇姆

أم كلثوم (Umm Kulthum)

1898～1975年

被譽為「東方之星」的國民歌手

歌手烏姆・庫勒蘇姆於大眾娛樂音樂盛行的1920年代出道，除了在埃及之外，她在中東的所有阿拉伯國家都是十分受歡迎的歌手。

每個月的第一個星期四都會定期舉行音樂會，據說在廣播電台直播時間，鎮上都看不見人影。她會用開羅方言演唱阿拉伯語的歌曲，在旋律及歌唱技巧上融入了阿拉伯古典的傳統音樂手法。

除了逾300首歌謠之外，她還留下了廣泛的作品，甚至包含宗教歌曲以及故事性高的敘事詩作品。融合西洋音樂元素的《你是我的生命》、長達一個多小時的《千夜一夜》、沉重曲調的《廢墟》等歌曲皆廣為人知。

1998年埃及文化部在開羅設立了烏姆・庫勒蘇姆博物館，公開有關她的許多樂曲，還有照片及個人物品等等。

chapter 7

英國的統治與獨立之路

為埃及人而存在的埃及

十九世紀末，除了埃及之外，英國、法國、俄羅斯等歐洲大國紛紛進軍，並開始控制鄂圖曼帝國領土的阿拉伯半島、伊朗、阿富汗等中東大部分地區。

伊朗思想家阿富汗尼（Jamal al-Din al-Afghani）帶頭發起推翻獨裁政府、反抗殖民統治以及伊斯蘭國家的團結。阿富汗尼的聲音，在中東各地傳播開來。

一八七九年即位的埃及赫迪夫陶菲克（Tevfik），對英國及法國唯命是從，歐洲人享有各種特權，作威作福。

為了破除這種情況，同年在埃及第一個民族主義政黨祖國黨成立。祖國黨的目標是抵抗歐洲，以及制定憲法推翻赫迪夫的獨裁政府。

此外在埃及軍隊中，自穆罕默德・阿里帕夏建國以來，土耳其裔、切爾克斯裔的軍官都位居高位，阿拉伯裔的軍官地位一直很低，因而引發了不滿。

阿拉伯裔的陸軍上校艾哈邁德・奧拉比（Ahmed Urabi），成為阿拉伯裔軍人的領袖顯露頭角，並加入了祖國黨。

奧拉比要求廢止歧視性的人事安排、解任陸軍大臣等等，因而與高層人員相對而立，最終在一八八一年九月發起行動。

奧拉比率領全軍包圍赫迪夫所在的阿布丁宮，要求召集閉門議會、制定憲法，還要求與赫迪夫關係密切的現任內閣下台。而開羅市民全都站在了奧拉比這邊。

一八八二年一月，內閣辭職後支持奧拉比的勢力成立了新政府。

新政府召開了議會，並於隔年公布埃及第一部的憲法草案。一連串以「為埃及人而存在的埃及」為口號的政變，被稱為「奧拉比起義」。

奧拉比的挫折

奧拉比運動，拒絕歐洲人對埃及政治造成影響。因此在埃及各地反歐洲情緒高漲，爆發排斥外國人運動。

一八八二年六月，無法再保持沉默的英國軍隊，以保護歐洲人為名義讓軍隊在亞歷山卓登陸，開始與埃及軍隊交戰。

奧拉比運動爆發後，赫迪夫陶菲克覺得自己的處境很危險，於是要求英國保護。英國軍隊擊敗了埃及軍隊，同年九月占領開羅。

奧拉比被捕後，被驅逐到英屬錫蘭（現在的斯里蘭卡）島上。祖國黨也解散了，埃及第一次的民族運動最終遭受挫折。

當時的日本

奧拉比運動爆發的1880年代，埃及的消息也傳到對西方國家入侵十分警戒的日本。關心埃及動向的政治家谷干城及教育家新島襄（同志社大學的創辦人），與服役中的奧拉比會面。

在英國的統治之下

奧拉比運動遭到鎮壓之後，埃及在實質上落入英國的控制之下。英國軍隊配置在埃及境內的主要地區，英國政府派遣的官僚在英國總領事克羅麥（Cromer）大臣底下執政。

克羅麥大臣推動了大規模的土木工程，提升了埃及的農業生產力，也發展了交通網絡。雖然已經破產的財政得到重整，但是工商業的利潤幾乎由英國人獨占了。居住在埃及的英國人能擁有治外法權，即使他們和埃及人之間發生糾紛，也不適用埃及法律。

一九〇六年，英國軍官與埃及農民發生衝突（登沙瓦伊事件），由於埃及人受到嚴厲懲罰，再次導致埃及人民之間的反英情緒高漲。

在這種情況下，曾經留學法國的穆斯塔法・卡米勒（Mustafa Kamil Pasha）發起了民族主義運動，創立了國民黨，目標是脫離英國而獨立。

卡米勒將日俄戰爭中戰勝強國俄羅斯的日本視為現代化的典範，並關注使國家體制發生重大變革的明治維新。

本應與鄂圖曼帝國並肩作戰

在當時的歐洲，德國以軍事強國之姿迅速增強實力，威脅周邊國家，英國、法國、俄羅斯於是簽訂了三國協約加以對抗。

一九一四年七月，與德國結盟的奧地利，和與俄羅斯結盟的塞爾維亞開戰。雙方的盟國相繼參戰，展開了第一次世界大戰。曾被英國奪取領土的鄂圖曼帝國，則站在德國這邊。

戰爭開始時正在鄂圖曼帝國首都伊斯坦堡訪問的埃及赫迪夫阿拔斯二世・希爾米（Abbas Hilmi II），呼籲人民「應與鄂圖曼帝國並肩作戰對抗英國」。因此英國阻止阿拔斯二世回國，並且讓他的叔叔海珊・卡米勒（Husayn Kamil）取代他成為赫迪夫。

同年十二月，英國將埃及視為保護國，剝奪了軍事及外交權力，使其成為實質上的殖民地。

在大戰期間，埃及被迫向英國提供大量物資及糧食。數十萬的埃及人成為士兵，或是被送往各地戰場負責運輸及土木工程，許多人都戰死了。

英國的三方外交

英國為了削弱對手鄂圖曼帝國的力量，於是支援在其領土內進行獨立運動的阿拉伯人。

英國與麥加的領袖海珊（Hussein）簽署了《麥克馬洪－海珊協定》，承諾允許建立一個阿拉伯國家。

另一方面，英國為了讓猶太裔的資產家提供戰爭資金，於是宣布支援在巴勒斯坦建立猶太國家。

當時的日本

第一次世界大戰期間，日本是英國的盟國。由於主戰場位在歐洲，所以日本替許多參戰國進行工業出口，勞工數量不斷增加，後來於1916年實施了《工廠法》，規定須維護勞工健康及禁止童工。

此外，英國還暗中與盟友法國和俄羅斯達成瓜分並統治中東的協議（《賽克斯－皮科協定》）。

換句話說英國分別允許阿拉伯人和猶太人建立自己的國家，同時又與法國和俄羅斯決定統治地的份額。這種「三方外交」，造成了大戰後到現代的中東邊界問題，以及紛爭的原因。

革命，以及單純名義上的獨立

話說回來，第一次世界大戰於一九一八年十一月，在英國、法國、俄羅斯、美國等盟國（協約國）勝利後結束了。戰敗的鄂圖曼帝國逐漸弱化，對於在其統治下的民族來說，迎來了獨立的機會。再加上美國總統威爾遜（Wilson）呼籲各國要民族自決（主張各民族獨立，分別擁有自己政府的權利）。

受此影響下，埃及在戰爭結束後不久，獨立運動便愈演愈烈。成為核心人物的，就是曾經擔任教育大臣、司法大臣的薩德・扎格盧勒（Saad Zaghloul）。

第一次世界大戰前後的中東

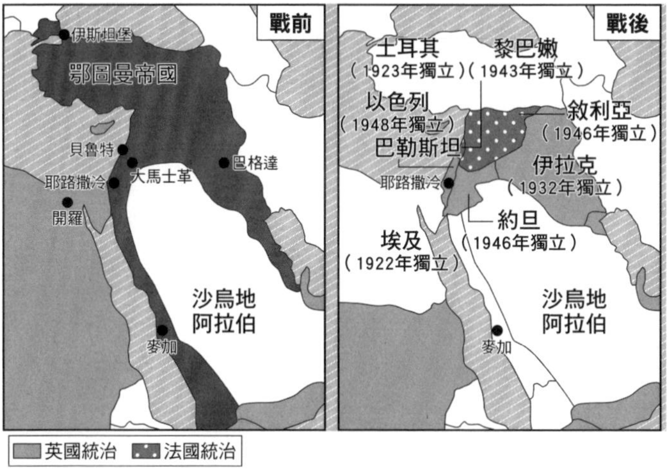

扎格盧勒在大戰後，試圖以要求埃及獨立的代表團身分，出席解決戰後問題的巴黎和會。

然而英國並不允許他們這麼做，因此展開了要求獨立與派遣代表團的運動。

一九一九年三月，英國逮捕了扎格盧勒一行人，並將他們流放到馬爾他島。然而埃及人民對此提出抗議，反英運動一口氣蔓延開來。

這場運動被稱為「一九一九年埃及革命」，埃及各個階層、各種不同立場的人都參加了，包括官員、軍人、農民以及土耳其裔居民在內。

儘管英國鎮壓了這場運動，但是深知埃及人會頑強抵抗的特別高級專員艾倫比（Allenby），決定讓埃及獨立。

於是，一九二二年二月二十八日，埃及王國成立了。只不過，英國軍隊卻以戒備蘇伊士運河等為名目留在埃及，繼續由英國指導埃及內政。

成為第一代國王的福阿德一世（Fuad I）實行獨裁政治，並沒有傾聽人民的聲音。儘管導入了君主立憲制，國王仍被賦予解散議會及任命閣員的權利。事實上福阿德一世干預了議會的運作。

一九二三年，扎格盧勒從馬爾他島返回後成立了華夫脫黨。華夫脫黨在隔年的選舉中獲勝後，扎格盧勒隨即就任總理。

然而，扎格盧勒堅持要英國軍隊撤退卻不被接受，灰心喪氣下就這樣離開政壇，沒多久便就去世了。

產業的發展

長久以來埃及農業都是以棉花種植為主，工業產品不是仰賴進口，就是由英國在內的歐洲企業壟斷市場。

但是在獨立後，實業家塔拉特・哈爾布（Talaat harb）成立了米斯爾銀行以便與外資對抗。哈爾布還陸續創辦了紡織公司及航空公司等企業，催生出一個埃及資本的企業集團。工商業蓬勃發展，國產的衣物和家具

當時的日本

1923年9月1日發生的關東大地震，造成約10萬5000人死亡和下落不明。東京都內許多木造房屋及建於明治時期的磚砌建築都燒毀或倒塌，在重建的過程中，開始出現愈來愈多的新型鋼筋混凝土高層建築。

也出現了。後來在面向紅海的拉斯加里卜開發出油田，石油產業也十分興盛。

現代教育也普及開來，繼一九〇八年埃及國民大學（現在的開羅大學的前身）設立後，一九三八年亞歷山卓大學也成立了。在都市地區擁有學識的年輕人逐漸增加，成長為反英運動的中堅分子。

懦弱的國王

在埃及王國成立前後，國外也相繼發生重大政變。在俄羅斯方面，帝國政治於第一次世界大戰期間因革命崩潰之後，由共產黨掌握政權，並於一九二二年成立了蘇維埃社會主義共和國聯盟（蘇聯）。同年在義大利，國家法西斯黨成立獨裁政府。

在鄂圖曼帝國爆發土耳其革命推翻了帝國政府，於一九二三年建立了土耳其共和國。隨著鄂圖曼帝國的瓦解，曾被統治的沙烏地阿拉伯、伊拉克等地區，紛紛也宣布了獨立。

在第一次世界大戰中戰敗的德國，由於被迫支付高額的賠償金，引發人們對戰勝國的不滿，於一九三二年由提倡排外主義的納粹黨取得政權。納粹政權強烈反對以英國、法國、美國為中心的國際秩序，後來與義大利、日本結盟。

一九三九年九月，德軍入侵波蘭後，以英國、法國為核心的同盟國向德國宣戰，第二次世界大戰就此展開。

當時，位於埃及西部的利比亞一直是由義大利統治。一九四〇年九月，義大利軍隊為了確保蘇伊士運河的安全，於是向埃及進攻。

英國尋求埃及政府協助，但是輿論分成了兩派，有些人民認為應該站在義大利這邊，以脫離英國實現完全的獨立。

結果，英國軍隊擊退了義大利軍隊，並於一九四一年二月攻入利比亞。因此，德國為了幫助陷入苦戰的義大利，派出了隆美爾（Rommel）將軍率領的大軍。英國軍隊與德國軍隊強大的坦克部隊陷入苦戰，支持德國和義大利的運動在埃及人民之間蔓延開來。

人在埃及的英國軍隊感到危險，於一九四二年二月四日用坦克及重兵包圍了阿

1942年的北非戰線

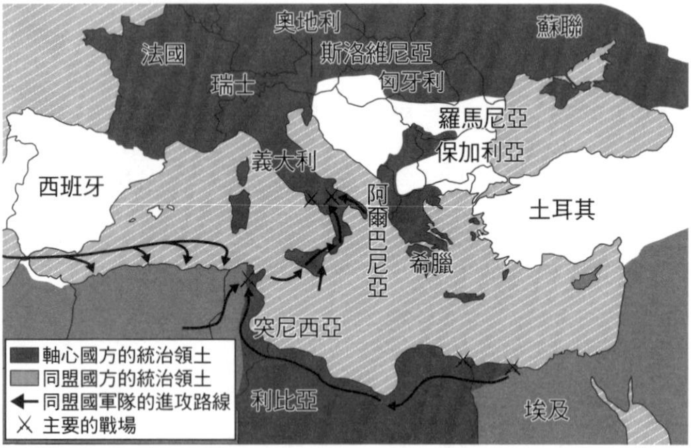

布丁宮。

國王法魯克一世（Farouk I）在英國的壓力下，任命與英國合作的華夫脫黨領袖穆斯塔法・納哈斯（Mostafa el-Nahas）為總理。

這起事件被稱作二月四日事件，進一步加劇了埃及人民的反英情緒，對於軟弱的國王與向英國妥協的華夫脫黨愈來愈不信任。

此後，英國軍隊接受了物資豐富的美國支援後擊退德國軍隊。在同盟國軍隊占領利比亞之後，越過義大利半島迫使義大利投降。

一九四五年五月，德國與日本投降，第二次世界大戰由英國、法國、美國、蘇聯等同盟國勝利而結束了。

出現新的鄰國

第二次世界大戰後，以色列建國對埃及帶來了重大的影響。

在這裡要簡單說明一下猶太人和以色列。

猶太教徒很早以前就已經存在了，但是在十九世紀的歐洲出現了一群堅稱「他們自己並非宗教團體，而是一個叫作猶太人的民族」。他們當中的一些人，在巴勒斯坦的土地上，包含當時在鄂圖曼帝國統治下的聖城耶路撒冷，展開猶太復國主義運動以建立猶太人國家。後來包含金融家羅斯柴爾德（Rothschild）家族在內的猶太人，都積極地協助英國。

英國十分支持猶太人在巴勒斯坦建立新的國家，於是猶太人們紛紛移居到了巴勒斯坦。

發動第二次世界大戰的德國納粹政權過去曾迫害猶太人，所以許多猶太人在戰爭期間都大力協助同盟國。因此，主要由同盟國設立的聯合國（UN），於一九四七年十一月承認猶太人建國。

然而，這點反映出作為聯合國核心的英國、法國、美國、蘇聯等大國的方針，但是生活在巴勒斯坦的阿拉伯人，他們的意願卻被人忽視了。

一九四八年五月十四日，猶太人的國家以色列宣告成立。埃及人民身為阿拉伯人的一分子，對此激烈反對，後來法魯克一世決定與以色列作戰。

第二次世界大戰後獨立的阿拉伯國家，諸如敘利亞阿拉伯共和國、約旦哈希米王國、黎巴嫩共和國、伊拉克王國等，也都響應埃及，並於五月十五日同時進攻以色列。這就是第一次以阿戰爭（以色列獨立戰爭）的開始。

與以色列的舊怨

戰爭開始後不久，以埃及為中心的阿拉伯國家軍隊便占了優勢。然而，以色列軍隊中有許多退伍軍人在第二次世界大戰中加入過同盟國軍隊，再加上美國及英國提供了大量武器，於是反敗為勝。後來埃及面向紅海的西奈半島，被以色列軍隊暫時占領。

一九四九年二月，在聯合國的調停下，埃及與以色列簽署停戰協定，其他的阿拉伯國家也隨之跟進。

阿拉伯裔巴勒斯坦人被迫離開過去生活的土地後成為難民，這些人數高達七十萬人左右。此後，支持阿拉伯裔巴勒斯坦人的阿拉伯國家與以色列之間，根深蒂固的衝突持續不斷。

新勢力抬頭

話說回來，埃及在第一次以阿戰爭中失敗的背後原

當時的日本

第二次世界大戰成為戰敗國的日本，在1951 年前一直被美國占領。這段期間制定了日本國憲法。戰前一些大企業壟斷財富被視為一大問題，這些財閥後來因 1947 年所制定的獨占禁止法而瓦解。

因，在於王室、政府、軍隊的腐敗。因為法魯克一世本應協助與阿拉伯國家爭奪主導權，但是他並沒有合作。再者，與國王關係密切的業者還繳交給軍隊品質不良的武器。

而且法魯克一世的私生活混亂，例如擁有許多情婦等等，失去了人民的信用與聲望。當他戰敗之後，便喪失了權威。

此外，英國還以蘇聯日益強大為理由，在蘇伊士運河一帶屯駐大軍，甚至還干預了埃及內政。

對國王的不信任、對英國的不滿、對英國膽怯的華夫脫黨感到失望的情緒蔓延開來，人民開始支持新的勢力。

具代表性的一例，就是在一九二八年成立的穆斯林兄弟會。他們提倡復興伊斯蘭教、實現以此為基礎的公正社會、排除外國勢力，支持者人數甚至已經增加到數十萬人。由於該組織內部也有武裝部隊，埃及政府擔心穆斯林兄弟會擴張，於是在一九四九年暗殺了領導人班納（Hassan al-Banna）。

然而，該組織並沒有被消滅，留下來的成員繼續從事著激進的反政府運動。

在軍隊內部，則是由抵抗英國統治與國王獨裁的年輕人，組成了一個自由軍官的組織。核心人物賈邁・阿布杜－納瑟（Gamal Abdel Nasser），於一九三八年從軍校畢業後入伍，並在第一次以阿戰爭中於最前線作戰。然而，他曾經因為軍事高層的失策，導致缺乏武器而陷入苦戰，所以他認為應該改革政府和軍隊。

納瑟在軍隊中逐漸增加志同道合者的人數，一面與站在批判政府立場的穆斯林兄弟會和共產主義組織合作，一面尋找政變的機會。

秘密專欄

埃及的國旗、國徽與國歌

阿拉伯國家共同的三種顏色

埃及的國旗由紅色、白色、黑色這三種顏色，加上中央的老鷹所組成，自一九八四年來一直使用使今。上層的紅色代表革命的犧牲，也就是鮮血，中央的白色代表未來的光明，下層的黑色代表過去的外國統治。這三種顏色被稱為「泛阿拉伯顏色」，常用於阿拉伯國家的國旗。白色部分上搭配的金色老鷹，象徵著十二世紀後半期與十字軍交戰的英雄薩拉丁，老鷹腳邊用阿拉伯語寫著「埃及阿拉伯共和國」的字樣。這隻金色老鷹，也是埃及的國徽。

埃及是在一九五二年的革命成為埃及共和國以後，才開始使用以紅色、白色、黑色這三種顏色為基礎的國旗，當初，曾經用一隻比現在更大的金色老鷹作點綴。此後，阿拉伯聯合共和國的時代是在中央畫著兩顆與敘利亞國旗相同的星星，從

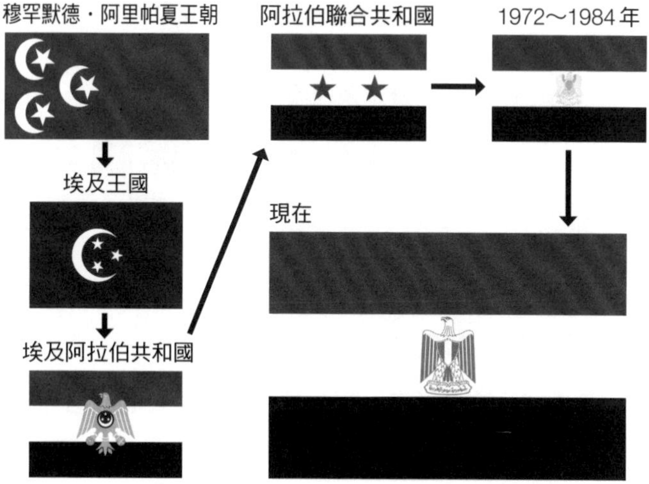

一九七二年至一九八四年為止，中央則是畫上了一隻金色的老鷹。

此外，革命前王國時期的國旗，是綠底上畫有白色新月與星星，類似巴基斯坦的國旗。在脫離鄂圖曼帝國獨立成為一個王國之前的穆罕默德・阿里帕夏王朝時代，則是紅底上畫有白色新月與星星的設計，與當時的鄂圖曼帝國國旗、現在的土耳其國旗類似。

現在埃及的國歌，歌名正是《祖國，祖國，祖國》。這首歌原本是在慶祝領導獨立運動脫離英國的薩德・扎格盧勒歸國，於一九二三年所創作。一九七九年與以色列簽署和平條約後，這首歌被採用為國歌。

耐人尋味的埃及偉人⑦

奠定現代埃及文學的作家

納吉布・馬哈福茲

نجيب محفوظ (Naguib Mahfouz)

1911 ～ 2006 年

描繪開羅老街的人們

是埃及著名作家及阿拉伯世界最重要的知識分子之一。作家馬哈福茲出生於開羅的老街，在七個兄弟姐妹中排行老么。他從埃及國民大學（現在的開羅大學）哲學系畢業後，於1938年發表了第一部著作《瘋語》。他的作品特色是結合了現代的題材與來自古代的歷史元素，據說擺脫英國統治的獨立與革命這些埃及國內的重大運動，都為他的作品帶來了影響。

他在1950年代後半期創作的《宮間街》、《思宮街》、《甘露街》這三部作品，都是以開羅的老街為舞台，每本書都是以開羅的街道作為書名。1959年出版的《我們街區的孩子們》一書中，用獨特的解釋總結了伊斯蘭教、基督教、猶太教的傳統，還曾經遭到過激分子的攻擊。1988年，他成為阿拉伯世界第一位獲得諾貝爾文學獎的人。

chapter 8

現在與未來的埃及

王室在做什麼？

一九五一年十月，埃及政府為了獲得人民的支持，於是單方面宣布撤銷規定英國軍隊長期駐軍的條約。然而英國並沒有做出回應，第二年埃及各地爆發多起大規模反英暴動，開羅市內陷入一片混亂。

在此期間，國王法魯克法老一世為了戒備王子的生日派對，動員了軍隊和警察。他們對人民的動向表示出完全漠不關心的態度。後來埃及人民不僅對英國不滿，也對王室愈來愈不滿。

隨後，以納瑟等三十幾歲的年輕軍人為核心的自由軍官組織，計畫了一場政變。自由軍官組織是一個人數約一〇〇人的小型組織，但是他們拉攏了在第一次以阿

當時的日本

戰後的占領期間，日本軍隊一度被解散。1950年爆發朝鮮戰爭，日本國內便組成警察預備隊作為占領軍的後援。警察預備隊愈來愈強大之後，於1954年成立了自衛隊。

戰爭中大顯身手的將軍穆罕默德・納吉布（Mohamed Naguib）加入陣營，成為形式上的領導人。

革命終於成功了！

一九五二年七月二十三日凌晨，自由軍官組織襲擊軍事司令部，陸續占領了開羅主要的政府機關、廣播電台、電信局、王宮和機場等等。政變在僅有少數人死亡下十分成功。

納吉布宣布控制首都後，許多對國王及政府感到不滿的人民，紛紛支持自由軍官組織。從這次政變開始的一連串政治變革，被稱為埃及七月革命。

掌握實權的自由軍官組織，成立了革命委員會，著手逮捕及驅逐舊政府的重要人物。七月

二十六日，宣布廢除法魯克一世並流放國外。

遭到軍隊及人民拋棄的法魯克一世，退位後逃往義大利。雖然由他的兒子福阿德二世（Fuad II）繼承了王位，但是他還不滿一歲，只是名義上的新國王。

納吉布VS納瑟

一九五二年九月，納吉布成為總理，由革命委員會為中心的政府推動正式的政治改革。曾經效忠於法魯克一世的政治家及官僚被迫下台，屬於王室和有錢人的農地，後來全被分配給貧窮的農民。

隔年六月十八日，政府廢除君主制，宣布轉型成共和制。延續了近一五〇年的穆罕默德・阿里帕夏王朝，終於瓦解了。

納吉布兼任總理並成為第一任總統，納瑟則擔任副總理。然而，納吉布和納瑟卻開始了激烈的主導權爭奪戰。政府外部也接連發出批評改革方向的聲音。

後來，革命委員會解散了與政府敵對的政黨。此外，他們還開始排除已經建立起合作關係的穆斯林兄弟會及共產主義組織等，並於一九五四年一月將穆斯林兄弟會視為非法。

納瑟在國內加強統治，另一方面卻同時與英國政府頑強談判，並於一九五四年十月，實現英國軍隊的完全撤退。因為當時英國的國力已經衰退，所以一直想要減輕駐軍在亞洲及非洲的負擔。

實現英國軍隊撤出之後，納瑟得到人民極大的支持。

不久後，爆發了穆斯林兄弟暗殺納瑟未遂的事件。在這起事件的搜查過程中，納吉布參與其中的行徑遭人揭發，後來納吉布被迫辭去總統一職。因此，納瑟便成為政府的核心。

埃及是中立的第三勢力

在國外，第二次世界大戰後成為自由主義國家核心的美國，與成為共產主義國家領袖的蘇聯，衝突（冷戰）愈演愈烈。

亞斯文低壩與亞斯文高壩

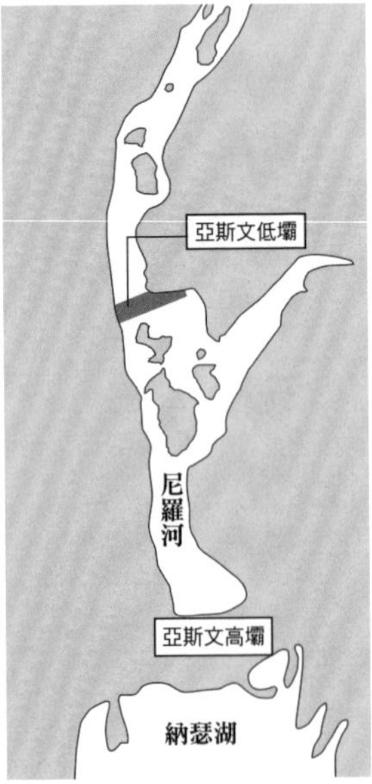

納瑟起初十分重視與美國的關係，並在國家發展計畫的亞斯文水壩工程中，接受了資金援助。

建於尼羅河上游的亞斯文水壩，蓄水量高達一六二〇億立方公尺，為當時世界上最大的水壩。當初的目的是為了防止尼羅河下游的水災，同時確保農業用水及生活用水並活用水力發電。

納瑟也著手強化軍事設備，以對抗鄰國以色列。由於美國並不願合作提供武器，於是納瑟便尋求其他友好國家。

一九五五年四月，在印尼召開了萬隆會議，除了納瑟之外，於一九四七年脫離英國獨立的印度總理尼赫魯（Nehru）、於一九四九年成立的中華人民共和國總理周恩來等人都有參加。後來在會議上，表明了破除殖民統治，以及面對美國、蘇聯這兩大陣營保持中立的「第三勢力」立場。

一九五六年六月，納瑟制定新憲法，賦予女性選舉權等，並在公投中贏得信任，正式就任埃及阿拉伯共和國第二任總統。

蘇伊士運河屬於埃及

當納瑟一就任總統之後，美國和英國便通知他要中止援助亞斯文水壩工程。主張中立的納瑟，雖然與兩國都保持著關係，卻也透過共產主義國家的捷克斯洛伐克購入蘇聯製的武器。

一九五六年七月，在與美國、英國關係惡化的情況下，納瑟派遣軍隊占領蘇伊士運河公司，並宣布將運河國有化。因為他們打算將其國有化後收取通行費，以籌措建造水壩的費用。埃及人民拍手喝采支持納瑟，但是英國強烈反對，並且下定決心以武力加以制裁。

此時，埃及一直在支援脫離法國尋求獨立的阿爾及利亞。法國便與英國聯手出兵埃及，而且敵視埃及的以色列也加入戰爭。

十月二十九日，第二次以阿戰爭（蘇伊士運河戰爭）爆發。埃及軍隊奮力抵抗，但是英國、法國、以色列的聯軍占了壓倒性的優勢。話雖如此，英國與法國的軍事行動被視為殖民主義的復興，並受到阿拉伯、亞洲及非洲國家的批評。

美國和蘇聯呼籲停火，在聯合國（UN）的勸告下，英國軍隊和法國軍隊於十一月撤軍，隔年三月以色列軍隊也撤退了。

短命的阿拉伯聯合共和國

納瑟在國際輿論的支持下將蘇伊士運河國有化，被視為「阿拉伯英雄」，不僅受到埃及人民的熱烈支持，也受到阿拉伯國家人民的熱烈支持。

納瑟很早以前就在思考著，要超越國家的框架讓阿拉伯人團結起來。因為隨著鄂圖曼帝國的瓦解，中東地區任由歐洲劃定邊界線，阿拉伯人居住的地區變成了不同的國家。後來在一九四五年三月成立的阿拉伯國家聯盟，逐漸加深了合作關係。

一九五八年二月，納瑟支持者眾多的敘利亞和埃及統合，成立阿拉伯聯合共和國。由納瑟就任總統。

儘管納瑟與蘇聯保持距離，但是他仍採納了社會主義政策，將土地分配給農民，以及將主要工業國有化等等，並限制了言論自由。

阿拉伯聯合共和國成立後，敘利亞也曾試圖推行同樣的政策，但是敘利亞人民的不滿情緒卻蔓延開來。

結果，敘利亞在一九六一年九月爆發政變，阿拉伯聯合共和國瓦解。然而埃及後來到一九七一年九月為止，仍繼續使用阿拉伯聯合共和國作為國名。

短短六天便慘敗

進入一九六〇年代之後，被以色列趕出家鄉的巴勒斯坦難民們，展開武裝鬥爭以建立自己的國家。

阿拉伯英雄納瑟呼籲國際社會解放巴勒斯坦。一九六四年五月，在阿拉伯國家聯盟的會議上，於約旦成立了巴勒斯坦解放組織（PLO）。這也是納瑟的意向發揮了強大影響。

一九六七年，當以色列和支援巴勒斯坦人的敘利亞之間軍事緊張情勢升溫時，埃及軍隊在西奈半島集結，封鎖了面向紅海的亞喀巴灣。

感到陷入危機的以色列，於六月五日向埃及、敘利亞和約旦發動了突襲。第三次以阿戰爭就此展開。

先發制人的以色列軍隊完全奪取制空權後占了優勢，僅用六天時間就占領包含耶路撒冷東部的約旦河西岸地區、面向地中海的加薩走廊、西奈半島、戈蘭高地。戰敗的埃及軍隊，有一萬人在戰爭中死亡。納瑟被軍方追究責任，一度宣布辭職。但仍有許多人民希望他繼續連任，因此納瑟保住總統一職，並且驅逐了軍事反對派。

第三次以阿戰爭後，埃及被奪走了西奈半島的油田地帶，蘇伊士運河的東岸遭以色列占領，因此運河暫時無法使用了。

納瑟注重工業生產，但是紡織、鋼鐵等國產品，卻因為技術能力不足、品質低劣而無法運用。

以色列領土在第三次以阿戰爭後的變化

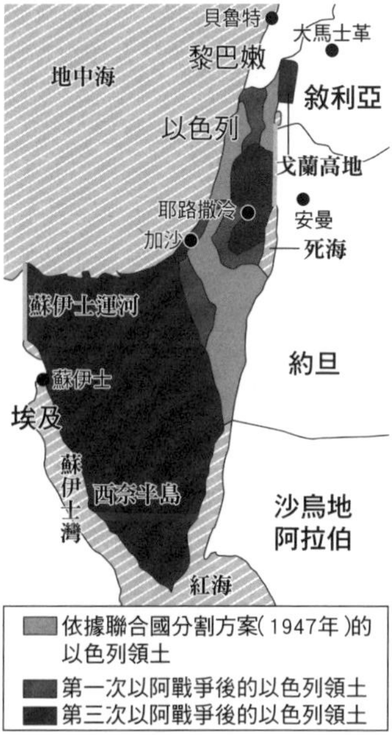

此外，許多農民被迫集體耕作，導致農民收入減少，產量也持續低迷。

興建已久的亞斯文水壩，在蘇聯的援助下終於在一九七〇年七月竣工，但是位在工地的居民以及具歷史價值的古代遺跡卻被迫搬遷。

水壩完工的兩個月後，納瑟在開完阿拉伯高峰會便心臟病發作而突然去世。

石油價格因戰爭而上漲

納瑟過世後，由艾爾・沙達特（Anwar Sadat）成為總統，他是納瑟在自由軍官組織初期的同志，且曾經擔任過副總統。沙達特修改了納瑟的社會主義方針，尋求和以美國為中心的自由主義國家拉近距離。

沙達特政權面臨的課題是，收復第三次以阿戰爭中失去的國土。埃及和敘利亞做足一切準備後，於一九七三年十月六日，從東西方攻入以色列（贖罪日戰爭）。這天是猶太教的新年假期，埃及和敘利亞冷不防地突襲以色列軍隊後大獲全勝。

幾天後以色列軍隊雖然重振旗鼓，但是先前在以阿戰爭中不曾失敗的以色列卻吃了敗仗，讓國際社會受到很大的衝擊。最終，美國和蘇聯出面調停，並於十月二十三日達成停戰協議。

戰爭爆發時，以伊拉克、利比亞、沙烏地阿拉伯等阿拉伯國家為主的石油輸出國組織（OPEC），為了向協助以色列的國家施壓，宣布大幅提高石油價格。從阿拉伯國家進口大量石油的美國、日本及西歐國家，包括以石油為原料的產品在內，許多商品的價格急劇上漲，陷入了所謂第一次石油危機（一九七三年石油危機）的經濟動盪。

昨日的敵人是今日的朋友

美國長期以來，一直積極支持以色列。然而，當阿拉伯石油生產國施壓導致石油危機爆發時，一九七四年六月總統尼克森（Nixon）訪問埃及，尋求改善與埃及的關係。

沙達特成功讓包括美國在內的自由主義國家出手援助，並著手重整經濟。此外在內政方面，於一九七六年十月導入多黨制。話雖如此，沙達特率領的民族民主黨（ＮＤＰ）在議會中占據了大部分的席位，事實上一黨獨裁體制仍然持續著。

此外，沙達特還釋放了人在獄中的穆斯林兄弟會成員，試圖利用伊斯蘭力量，以對抗支持社會主義路線的勢力。後來穆斯林兄弟會的所作所為都會避免刺激沙達特，一直致力於醫療服務以及福利工作等社會活動。

一九七七年十一月，沙達特訪問了長年以來的敵人以色列，並與總理梅納罕・比金（Menachem Begin）進行會談。

沙達特和比金在美國居間調停下進行和平談

判，於一九七八年三月簽署了和平條約（《大衛營協議》）。全世界都因為這件事而感到震驚，受到高度評價的兩人，雙雙獲得諾貝爾和平獎。

根據和平條約，埃及正式收復西奈半島的領土，但是巴勒斯坦的難民問題還是保留原樣不加以處理。

與以色列和美國達成妥協的沙達特，被許多埃及人以及阿拉伯國家視為叛徒。一九七八年埃及被迫退出阿拉伯國家聯盟。

在沙達特的經濟改革下，埃及的石油和觀光產業蓬勃發展，可是貧富差距擴大，人民的不滿逐漸增長。隨後在一九八一年十月，沙達特遭到伊斯蘭極端主義的軍人暗殺。

在波斯灣戰爭中獲勝

沙達特被暗殺後，副總統胡斯尼・穆巴拉克（Hosni Mubarak）成為下一任的總統。穆巴拉克是前空軍司令，在贖罪日戰爭中立下赫赫戰功，成為民族英雄，後來被提拔為政府部門要職。

穆巴拉克延續了沙達特推動的親美路線和經濟改革，例如賦予國有企業經營自主權等等，尋求落實經濟自由主義。另一方面也努力改善與阿拉伯國家的關係，並於一九八九年五月重返阿拉伯國家聯盟。

然而在一九九〇年八月，伊拉克軍隊入侵科威特後局勢急轉直下。伊拉克雖然遭受國際社會的譴責，但是埃及國內也吹起了一股反對美國，支持同為阿拉伯國家伊拉克的風潮。穆巴拉克被迫做出決定。

一九九一年一月，以美國為核心的多國部隊，向入侵科威特的伊拉克發動進攻，爆發波斯灣戰爭。

此時，埃及加入了多國部隊，進一步強化了與美國的友好關係。同年十二月，共產黨在蘇聯確實垮台，冷戰時代結束。在美國成為國際社會的一大強國之下，埃及加強親美路線是必然的發展。

波斯灣戰爭結束後，埃及得到美國及中東石油生產國鉅額的經濟援助。

一九九〇年代的埃及，由於國有企業民營化與外資湧入，敗政得到大幅改善。

埃及的實際GDP（國內生產毛額），在穆巴拉克就任總統時的一九八一年，為七三二〇億七〇〇〇萬埃及鎊，但是到了二〇〇一年便成長了大約二點五倍，達到一兆八八六〇億八八〇〇萬埃及鎊。

在經濟快速成長的埃及，瓷磚製造商Ceramica Cleopatra Group、高級地毯製造商Oriental Weavers等巨頭企業紛紛抬頭，他們的產品在海外也開始廣為人知。

在成長陰影下高漲的不滿情緒

儘管穆巴拉克時期經濟不斷增長，但是埃及的政治，實質上依然是民族民主黨一黨獨裁，言論活動及政

當時的日本

1995年11月電腦作業系統軟體Windows95日文版上市，電腦及網路的使用者數量急速增加。NTT DOCOMO於1999年推出手機網路服務i-mode，用戶在2001年底突破了3000萬人。

治活動都受到了限制。除了避免與政府直接對抗，採取穩健路線的穆斯林兄弟會為主流派之外，還出現了激進的伊斯蘭主義者組織，尋求以武力推翻體制。

一九九七年十一月，在古代遺跡的集中地樂蜀，發生了一起伊斯蘭極端組織開槍射殺大批外國觀光客的事件。除了十名日本人之外，還有來自瑞士、德國等地共六十二人被殺。這對於一直在推動觀光產業，活用古代遺跡歷史價值的埃及來說，是一大打擊。

恰好在那個時候，埃及的大學升學率上升，受過高等教育的人不斷增加，在民營企業少而找不到工作之下，許多年輕人處於失業狀態。隨著失業問題的惡化，人民對政府愈來愈不滿。

進入二〇〇〇年代之後，國內外對穆巴拉克長期執政的批評升溫，引發對體制的批判和及街頭示威運動，爆發了所謂的「Kifaya（夠了）運動」。

二〇〇五年，穆巴拉克政府將過去採信任投票的總統選舉，改為從多名候選人中進行選擇的直接選舉，強調民主化的態度。實際上政府卻介入選舉，加強打壓在野黨，因此人民不滿的情緒並沒有獲得解決。

二〇一一年埃及革命

二〇一〇年十二月，在突尼西亞發生大規模反政府示威活動，促使二十三年來一直獨攬大權的總統班・阿里（Ben Ali）垮台（茉莉花革命）。

不久後，民主化運動在利比亞、阿爾及利亞、約旦、葉門、摩洛哥、敘利亞等中東國家產生連鎖反應蔓延開來。這一連串的運動，被稱為「阿拉伯之春」。

隔年的一月二十五日，開羅爆發大規模反政府示威活動，超過二十萬人民集結起來。其至連支持穆巴拉克的最大勢力軍方也站在人民這邊，持續獨

裁政府長達三十年之久的穆巴拉克，最後於二月十二日辭職。

這場在埃及的運動，被稱為二〇一一年埃及革命。

二〇一二年舉行總統選舉，由來自自由與正義黨的穆罕默德・穆希（Mohamed Morsi）就任總統，而自由與正義黨就是以穆斯林兄弟會為基礎。目的在政教分離的勢力與重視伊斯蘭教價值觀的勢力卻相持不下，政府的步調也不一致。在持續動盪當中，穆希在軍方施壓下於二〇一三年七月遭到免職。

二〇一四年的總統大選中，代表軍方的前國防部長阿卜杜勒－法塔赫・塞西（Abdel Fattah el-Sisi）當選了。塞西政府致力於恢復治安與穩定經濟，受到國內外支持，可是他卻鎮壓穆斯林兄弟會等其他的反政府勢

當時的日本

進入21世紀後，日本與埃及的關係不斷加深。2001年受日本援助的蘇伊士運河大橋（蘇伊士運河友誼大橋）竣工，2010年融入日本教育特色的埃及－日本科學技術大學（E-JUST）於亞歷山卓成立。

力，走向新的獨裁政府之路。

埃及將走向何方？

儘管經歷了政變與動盪，二十一世紀的埃及仍然持續著驚人的發展。二〇一五年與蘇伊士運河並行的新蘇伊士運河開通，航向地中海的船隻和開往紅海的船隻得以同時航行。埃及的通行費收入大幅增長，二〇二二年的實際GDP達四兆六三三〇埃及鎊，達到二十年前的二點三倍左右。這是非洲大陸五十四個國家中的第一名，也高於奧地利及丹麥等一部分的歐洲已開發國家。

隨著經濟的成長，開羅急速增加的人口成為一大問題。為了因應這個問題，自二〇一五年起開始推動遷都計畫。目前正在開羅東方約五十公里的地方，建造新首都。包含三九三公尺高的「標誌塔」在內，許多摩天大樓將會櫛比鱗次。

幾千年以前，埃及建造了巨大的金字塔，如今非洲大陸屈指可數的摩天大樓一個接著一個建成，備受世界矚目。

埃及的歷史 年表

這份年表是以本書提及的埃及歷史為中心編寫而成。

配合下半段的「世界與日本歷史大事紀」，可以更深入理解。

年代	埃及大事紀
〈西元前〉	
約5500	尼羅河流域開始農耕和畜牧
約4000	上埃及出現奈加代文化，下埃及出現布陀－馬迪文化
約3000	那爾邁法老統一上埃及與下埃及
約2686年	古王國時期開始
27世紀	左塞爾法老建造「階梯金字塔」
27～26世紀	斯尼夫魯法老建造「紅金字塔」
26世紀	古夫法老建造「大金字塔」
25世紀	烏瑟卡夫法老建造太陽神殿

世界與日本大事紀
〈西元前〉
世界 開始煉銅（約5500）
世界 黃河流域仰韶文化興起（約5000）
世界 美索不達米亞產生城邦（約40世紀）
世界 美索不達米亞使用貨幣（約3000）
世界 印度河流域文明興起（約2600）
世界 邁諾斯文明興起（約2600）
世界 黃河流域龍山文化興起（約2500）

24世紀	金字塔銘文開始雕刻	**世界** 阿卡德帝國建國（2334？）
約2181	第一中間時期開始	**世界** 歐洲青銅時代開始（約2300）
約2055	曼圖霍特普二世統一埃及，	**世界** 夏朝建國？（約2070）
	中王國時期開始	
20世紀	阿蒙涅姆赫特一世建立首都伊特塔威	
約1650	第二中間時期開始	**世界**《漢摩拉比法典》頒布（18世紀）
約1550	雅赫摩斯一世統一埃及，	**世界** 西臺古王國建國（約1680）
	新王國時期開始	**世界** 商朝成立（約1600）
約1473	哈特謝普蘇特和圖特摩斯三世共同統治	**世界** 雅利安人入侵印度（約1500）
14世紀	阿蒙霍特普四世展開阿瑪納宗教改革	
約1274	卡迭石戰役	
約1258	拉美西斯二世與西臺帝國簽署和平同盟條約	**世界** 歐美克文明繁榮（約1200）
13世紀	麥倫普塔法老擊敗「海上民族」	
約1080	赫里霍爾成為阿蒙大祭司，並建立神權國家。	**世界** 周朝成立（約1050）
約1069	斯門代斯即位，第三中間時期開始	**世界** 以色列王國建國（約1000）

年代	埃及大事紀	世界與日本大事紀
約730	皮耶法老統一埃及	世界 舉行古代奧林匹克運動會（776）
671	亞述軍隊占領孟菲斯	
664	普薩美提克一世即位，古埃及後期開始	世界 亞述帝國滅亡（612）
525	波斯軍隊占領孟菲斯	世界 阿契美尼德帝國建國（550）
332	亞歷山大大帝入侵埃及	世界 阿契美尼德帝國滅亡（330）
305	托勒密一世即位	世界 布匿戰爭（264）
186	托勒密五世再次統一埃及	世界 秦始皇去世（210）
30	托勒密王朝滅亡，羅馬統治開始	世界 羅馬帝國成立（27）
〈西元〉		〈西元〉
639	阿拉伯軍隊入侵埃及	世界 唐朝成立（618）
642	阿拉伯統治開始	日本 乙巳之變（645）
8世紀初	阿拉伯語成為官方語言	日本 大寶律令（701）
868	圖倫王朝獨立	世界 法蘭克王國分裂（843）
935	穆罕默德・本・突格傑建立伊赫什德王朝	日本 承平天慶之亂（939）

969	法提瑪王朝征服埃及	世界 鄂圖一世成為神聖羅馬帝國皇帝（962）
973	法提瑪王朝將根據地遷至開羅	日本 安和之變（969）
1169	贊吉王朝遠征軍攻進開羅城內	日本 平清盛成為太政大臣（1167）
	薩拉丁成為宰相，埃宥比王朝成立	日本 源賴朝於石橋山舉兵（1180）
1187	哈丁戰役	日本 平氏在壇之浦之戰中滅亡（1185）
1193	薩拉丁去世	世界 條頓騎士團誕生（1190）
1219	十字軍入侵埃及	世界 蒙古帝國成立（1206）
1250	曼蘇拉戰役	世界 基輔羅斯滅亡（1240）
	舍哲爾・杜爾即位，馬木路克王朝成立	日本 北條時賴成為攝政王（1246）
1260	埃及軍隊在阿音札魯特擊敗蒙古軍隊，	日本 文永之役（1274）
	拜巴爾一世成為蘇丹	世界 南宋滅亡（1279）
1348	鼠疫大流行	世界 百年戰爭開始（1339）
1517	馬木路克滅亡，鄂圖曼帝國開始統治	世界 路德展開宗教改革（1517）
1798	拿破崙入侵埃及	日本 寬政改革開始（1787）
1799	發現羅塞塔石碑	世界 聯合王國（英國）成立（1801）

年代	埃及大事紀	世界與日本大事紀
1805	穆罕默德・阿里帕夏就任埃及總督	世界 神聖羅馬帝國滅亡（1806）
1807	穆罕默德・阿里帕夏在哈米德近郊擊敗英國軍隊	日本 間宮林藏探索庫頁島（1808）
1831	第一次土埃戰爭	日本 大鹽平八郎之亂（1837）
1839	第二次土埃戰爭	世界 鴉片戰爭（1840）
1867	伊斯梅爾成為埃及赫迪夫	世界 美國南北戰爭開始（1861）
1869	蘇伊士運河竣工	日本 大政奉還（1867）
1881	奧拉比運動（革命）	日本 明治十四年政變（1881）
1902	亞斯文水壩竣工	日本 日俄戰爭（1904）
1908	埃及國民大學（現在的開羅大學）成立	日本 日韓合併（1910）
1914	埃及成為英國的保護國（實質上的殖民地）	世界 第一次世界大戰開始（1914）
1919	1919年埃及革命	世界 制定威瑪憲法（1919）
1922	埃及王國成立	日本 關東大地震（1923）
1942	2月4日事件	日本 中途島海戰（1942）
1948	第一次以阿戰爭	日本 頒布《日本國憲法》（1946）

1949	埃及政府暗殺穆斯林兄弟會成員班納	世界 北大西洋公約組織成立（1949）
1952	埃及革命	世界 韓戰開始（1950）
1953	廢除君主制，納吉布成為第一任總統	日本 簽署《美日安保條約》（1951）
1956	納瑟就任總統，第二次以阿戰爭	世界 萬隆會議（1955）
1958	與敘利亞合併，並成為阿拉伯聯合共和國	世界 古巴飛彈危機（1962）
1967	第三次以阿戰爭	世界 文化大革命開始（1966）
1970	亞斯文水壩竣工，沙達特就任總統	日本 舉辦世界博覽會（1970）
1973	贖罪日戰爭	日本 沖繩返還（1972）
1978	埃及退出阿拉伯國家聯盟	世界 伊朗伊斯蘭革命（1978）
1979	大衛營協議	世界 蘇聯入侵阿富汗（1979）
1981	沙達特遭到暗殺，穆巴拉克就任總統	世界 兩伊戰爭開始（1980）
1989	埃及重新加入阿拉伯國家聯盟	世界 波斯灣戰爭開始（1990）
1997	路克索事件	日本 阪神大地震（1995）
2011	2011年埃及革命，穆巴拉克辭職	日本 東日本大震災（2011）
2014	塞西就任總統	世界 俄羅斯併吞克里米亞半島（2014）

参考文献

『古代エジプト全史』河合望(雄山閣)

『古代エジプト解剖図鑑』近藤二郎(エクスナレッジ)

『大英博物館 図説古代エジプト史』 A.J.スペンサー、近藤二郎訳(原書房)

『エジプト考古学[改訂版]』近藤二郎(早稲田大学文学学術院)

『古代エジプト入門』内田杉彦(岩波書店)

『古代エジプトファラオ歴代誌』ピーター・クレイトン、吉村作治監修・藤沢邦子訳(創元社)

『全系図付エジプト歴代王朝史』エイダン・ドドソン・ディアン・ヒルトン、池田裕訳(東洋書林)

『古代エジプト解剖図鑑』近藤二郎(エクスナレッジ)

The Oxford Handbook of Egyptology, I. Shaw and E. Bloxam (eds.), Oxford University Press.

"Late Dynastic Period," *UCLA Encyclopedia of Egyptology*,Ladynin,I.

The Oxford History of Ancient Egypt, I. Shaw (ed.), Oxford University Press.

『岩波イスラーム辞典』大塚和夫ほか編(岩波書店)

『新イスラム事典』日本イスラム協会監修(平凡社)

『新版世界各国史8 西アジア史Ⅰ アラブ』佐藤次高編(山川出版社)

『岩波講座 世界歴史09 ヨーロッパと西アジアの変容 11 ~ 15世紀』大黒俊二・林佳世子編(岩波書店)

『アジア人物史4 文化の爛熟と武人の台頭』三浦徹ほか(集英社)

『ムハンマド・アリー 近代エジプトを築いた開明的君主』加藤博(山川出版社)

The Cambridge History of Egypt, 2 vols., C. F. Petry and M. W. Daly (eds.), Cambridge University Press.

The Encyclopaedia of Islam, 2nd edition,12 vols., H. A. R. Gibb et al. (eds), E. J. Brill.

『新版 エジプト近現代史—ムハンマド・アリー朝成立からムバーラク政権崩壊まで—』山口直彦(明石書店)

『現代エジプトを知るための60章』鈴木恵美編(明石書店)

『ナセル アラブ民族主義の隆盛と終焉』池田美佐子(山川出版社)

『戦争・革命でよむ世界史 総解説』三浦一郎(自由国民社)

［作者］
山崎世理愛
1992年出生於東京都。早稲田大學文學學術院講師（終身教授）。博士（早稲田大學文學）。專攻埃及學和埃及考古學。主要論文包括“Repeating the Ritual Underground: Performance of the Royal Object Ritual in the Middle Kingdom,” Gracia Zamacona, Carlos(ed.), Variability in the Earlier Egyptian Mortuary Texts ,Brill、「エジプト中王国時代における器物奉献儀礼の変容とその社会的背景」《オリエント》第65巻第1期、第1～17頁（2022年）。

五十嵐大介
1973年出生於東京都。早稲田大學文學學術院教授。博士（中央大學歷史學）。專攻近代阿拉伯和伊斯蘭歷史。主要著作包括《中世イスラーム国家の財政と寄進：後期マムルーク朝の研究》（刀水書房）、《岩波講座　世界歴史　第9巻　ヨーロッパと西アジアの変容11～15世紀》（共同著作，岩波書店）。

編集・構成／造事務所
設計／井上祥邦（yockdesign）
插畫／suwakaho
協力／佐藤賢二
照片／〈P5〉Iss016e019375/Wikipedia

極簡埃及史

出　　版／楓樹林出版事業有限公司
地　　址／新北市板橋區信義路163巷3號10樓
郵政劃撥／19907596　楓書坊文化出版社
網　　址／www.maplebook.com.tw
電　　話／02-2957-6096
傳　　真／02-2957-6435
作　　者／山崎世理愛、五十嵐大介
翻　　譯／蔡麗蓉
責任編輯／陳亭安
內文排版／楊亞容
港澳經銷／泛華發行代理有限公司
定　　價／350元
出版日期／2025年2月

國家圖書館出版品預行編目資料

極簡埃及史／山崎世理愛、五十嵐大介作；蔡麗蓉譯. -- 初版. -- 新北市：楓樹林出版事業有限公司, 2025.2 面；　公分
ISBN 978-626-7499-63-4（平裝）
1. 埃及史
761.1　　113019917